A elevação da mente para Deus

pelos degraus das coisas criadas

**Dados Internacionais de Catalogação na Publicação (CIP)
(Câmara Brasileira do Livro, SP, Brasil)**

Belarmino, São Roberto, 1542-1621
 A elevação da mente para Deus pelos degraus das coisas criadas / São Roberto Belarmino ; tradução de Frei Ary E. Pintarelli. – Petrópolis, RJ : Vozes, 2023. – (Série Clássicos da Espiritualidade)

 Título original: De ascensione mentis in Deum per scalas rerum creatarum.

 ISBN 978-85-326-6559-1

 1. Bíblia – Doutrinas 2. Deus (Cristianismo) 3. Fé (Cristianismo) 4. Igreja Católica – Doutrinas – Obras anteriores a 1800 I. Título. II. Série.

23.164055   CDD-248.3

Índices para catálogo sistemático:
1. Deus : Adoração : Cristianismo   248.3

Eliane de Freitas Leite – Bibliotecária – CRB 8/8415

São Roberto Belarmino

A elevação da mente para Deus
pelos degraus das coisas criadas

Tradução de Frei Ary E. Pintarelli

Petrópolis

Tradução do original em latim intitulado
De ascensione mentis in Deum per scalas rerum creatarum.

© desta tradução:
2023, Editora Vozes Ltda.
Rua Frei Luís, 100
25689-900 Petrópolis, RJ
Brasil

Todos os direitos reservados. Nenhuma parte desta obra poderá ser reproduzida ou transmitida por qualquer forma e/ou quaisquer meios (eletrônico ou mecânico, incluindo fotocópia e gravação) ou arquivada em qualquer sistema ou banco de dados sem permissão escrita da editora.

CONSELHO EDITORIAL

Diretor
Volney J. Berkenbrock

Editores
Aline dos Santos Carneiro
Edrian Josué Pasini
Marilac Loraine Oleniki
Welder Lancieri Marchini

Conselheiros
Elói Dionísio Piva
Francisco Morás
Gilberto Gonçalves Garcia
Ludovico Garmus
Teobaldo Heidemann

Secretário executivo
Leonardo A.R.T. dos Santos

Revisão de originais: Heloísa Brown
Diagramação: Monique Rodrigues
Revisão gráfica: Lorena Delduca Herédias
Capa: Editora Vozes
Ilustração de capa: Lúcio Américo de Oliveira

ISBN 978-83-326-6559-1

Este livro foi composto e impresso pela Editora Vozes Ltda.

Sumário

Prefácio, 7

Primeiro degrau, 13
Pela consideração do homem

Segundo degrau, 29
Pela consideração do mundo maior

Terceiro degrau, 46
Pela consideração do orbe terrestre

Quarto degrau, 60
Pela consideração das águas e principalmente das fontes

Quinto degrau, 77
Pela consideração do ar

Sexto degrau, 89
Pela consideração do fogo

Sétimo degrau, 107
Pela consideração do céu, isto é, do sol, da lua e das estrelas

Oitavo degrau, 123
Pela consideração da alma racional

Nono degrau, 138
Pela consideração dos anjos

Décimo degrau, 153
Pela consideração da essência de Deus e à semelhança da grandeza dos corpos

Décimo primeiro degrau, 172
Pela consideração da grandeza do poder de Deus segundo a
grandeza dos corpos

Décimo segundo degrau, 186
Pela consideração da grande sabedoria de Deus segundo a grandeza
dos corpos

Décimo terceiro degrau, 197
Pela consideração da sabedoria prática

Décimo quarto degrau, 222
Pela consideração da misericórdia de Deus

Décimo quinto degrau, 238
Pela consideração da grande justiça de Deus pela semelhança da
grandeza corporal

Prefácio

A Escritura divina nos exorta com frequência a buscar diligentemente a Deus, pois, embora Deus não esteja longe de cada um de nós, já que, segundo diz o apóstolo, *nele vivemos, nos movemos e existimos* (At 17,28)[1], nós é que estamos longe de Deus; e se não dispusermos de elevações no coração, se não construirmos para nós escadas para o céu e se não procurarmos a Deus com grande empenho, com o filho pródigo, em região longínqua, longe da Pátria e do Pai, apascentaremos os porcos (cf. Lc 15,15).

E para explicarmos brevemente como estes dois fatos concordam entre si, ou seja, que Deus não está longe de nós, embora nós estejamos muito longe dele, diremos que Deus não está longe de nós porque Ele sempre nos vê, porque todas as coisas estão presentes a seus olhos e, também, porque Ele pensa assiduamente em nós, porque tem cuidado de nós (cf. 1Pd 5,7) e, da mesma forma, Ele vela assiduamente sobre nós *sustentando tudo com sua poderosa palavra* (Hb 1,3). Nós, porém, estamos muito longe de Deus porque não vemos a Deus, nem podemos

---

1. Já que o autor cita a Bíblia pela Vulgata, para permanecer-lhe mais fiéis, nas citações bíblicas servimo-nos da tradução portuguesa feita pelo Pe. Matos Soares. As citações textuais estão em itálico (com a citação da fonte), as não textuais estão em tipos normais, mandando conferir na fonte (cf.) [N.T.].

vê-lo, já que Ele *habita numa luz inacessível* (1Tm 6,16) e nem somos capazes, por nós mesmos, de pensar alguma coisa sobre Deus, como vinda de nós mesmos (cf. 2Cor 3,5) e muito menos podemos tocá-lo com um piedoso afeto e unir-nos a Ele, a não ser que sua mão direita nos receba e nos atraia a si. Por isso, quando Davi disse: *A minha alma está presa a ti*, logo acrescentou: *A tua destra me acolheu* (Sl 62,9).

Estamos longe de Deus não só porque não podemos vê-lo, nem facilmente refletir sobre Ele, ou unir-nos a Ele pelo afeto, mas também porque, ocupados pelos bens temporais que de todos os lados nos assediam e oprimem, facilmente nos esquecemos de Deus e, com um coração árido, apenas pronunciamos com a língua o nome de Deus nos salmos e nas sagradas preces.

Esta é, pois, a causa pela qual, nas Sagradas letras, o Espírito Santo nos exorta muitas vezes a buscarmos a Deus: *Buscai a Deus, e vossa alma viverá* (Sl 68,33) e, *buscai sempre a sua face* (Sl 104,4). E, *o Senhor é bom para os que nele esperam, para a alma que o busca* (Lm 3,25). *Buscai o Senhor, enquanto se pode encontrar* (Is 55,6). *Buscai-o com simplicidade de coração* (Sb 1,1). *Quando buscares o Senhor teu Deus, encontrá-lo-ás se o procurares de todo o coração* (Dt 4,29).

No entanto, embora esta solicitude de buscar a Deus deva ser comum a todos os fiéis, todavia, é propriamente mais necessária aos ministros da igreja, o que é confirmado pelos Santos Padres, Agostinho, Gregório e Bernardo, entre outros. Estes, com palavras claras, escrevem que o ministro não pode ser útil a si e aos outros se não se entregar, diligentemente, à meditação das coisas divinas e à consolação da própria mente.

Santo Agostinho, no livro *A Cidade de Deus*, diz: "O amor da verdade busca o descanso na contemplação e a necessidade do amor busca a justa atividade, mas nunca se deve abandonar o gosto pela contemplação nem se deixar oprimir por aquela necessidade" (*A Cidade de Deus*, Livro 19, Capítulo 19). E o mesmo Santo Agostinho, nas *Confissões*, falando de si mesmo e de sua frequente contemplação de Deus pelas coisas criadas, diz: "Muitas vezes faço isso. E isso me agrada mais do que todas as ações necessárias e, quanto posso, refugio-me nesta vontade" (*Confissões*, Livro 10, Capítulo 40).

São Gregório, no livro sobre o cuidado pastoral, diz: "O Pastor tenha compaixão de todos e mais do que todos seja dado à contemplação, para que, com sentimentos de compaixão, faça suas as enfermidades dos outros e, por meio da elevação da oração, também se eleve acima de si mesmo pelo desejo das coisas invisíveis" (*Cuidado Pastoral*, 5). E, no mesmo lugar, São Gregório acrescenta o exemplo de Moisés e de Cristo. Com efeito, Moisés entrava frequentemente no templo e saía, isto é, entrava para considerar os segredos de Deus e saía para curar a enfermidade do próximo. E o próprio Cristo realizava a salvação do próximo pregando todos os dias e fazendo milagres, mas passava as noites acordado a rezar e a contemplar. São Lucas diz: *Estava passando toda a noite em oração a Deus* (Lc 6,12). Muitas outras coisas semelhantes a estas podem ser lidas o último capítulo do mesmo livro.

Além disso, São Bernardo, querendo admoestar seriamente o Papa Eugênio, que fora seu discípulo, a não se entregar totalmente à ação, mas que diariamente reservasse para si um certo tempo e o utilizasse na santa oração e na alimentação celeste, escreveu cinco livros das *Considerações*, nos quais não só o exorta à assídua meditação das coisas celestes, mas também esclarece a razão disso e lhe ensina o método de meditar e, meditando, elevar-se, e elevando-se, transformar-se em Deus por meio da mente e da afetividade.

E não admite a desculpa que o Pontífice poderia apresentar, e que muitos formulam em nossos tempos, isto é, as demasiadas ocupações que o ofício pontifical comporta e não deixam tempo algum para que o prelado se entregue à meditação das coisas divinas. Ora, é certo que ninguém é obrigado a entregar-se, totalmente, de tal forma às ocupações externas, que não tenha para si um tempo para restaurar seu corpo pela comida e pela bebida e para procurar a tranquilidade pelo sono.

E se o corpo, com razão, pede este alimento e descanso, quando mais e com maior razão o espírito pede seu alimento e seu sono? Pois, sem esse repouso, de forma alguma pode exercer o seu ofício, que comporta tamanha quantidade de importantes deveres e ocupações.

De fato, o alimento da alma é a oração, e seu descanso, a contemplação, por meio da qual dispomos as elevações do coração para que se veja o Deus dos deuses em Sião, como pode ser visto neste vale de lágrimas.

Mas, parece que a nós mortais nenhuma escada de elevação para Deus pode aparecer, senão pelas obras de Deus. Porém, aqueles que, por singular dom de Deus, guiados por outro caminho ao paraíso, ouviram os segredos de Deus, que ao homem não é permitido contar, a estes deve-se dizer que não subiram, mas que foram arrebatados. É o que São Paulo confessa abertamente de si mesmo, quando diz: *Fui arrebatado ao paraíso e ouvi palavras inefáveis que não é lícito a um homem proferi-las* (2Cor 12,4).

Todavia, que pelas obras de Deus, isto é, pelas criaturas, o homem pode elevar-se para o conhecimento e o amor do Criador, ensina-o o livro da *Sabedoria* (cf. Sb 13,5), e o Apóstolo aos Romanos (cf. Rm 1,20) e a própria razão o confirma, já que pelos efeitos pode ser conhecida a causa eficiente e, pela imagem, o modelo. E não há dúvida de que todas as coisas criadas são obras de Deus e o homem e o anjo não são só obras, mas também imagens de Deus, como nos ensina a Santa Escritura.

Por isso, animado por estas razões, com um pouco de tranquilidade a mim concedida pelos públicos trabalhos, e estimulado pelo exemplo de São Boaventura, que em semelhante retiro escreveu o *Itinerário da mente para Deus*, tentei construir uma escada pela consideração das criaturas, pela qual cada um possa, de algum modo, elevar-se para Deus. E nela distingui quinze degraus, à semelhança dos quinze degraus pelos quais se subia ao Templo de Salomão, e dos quinze Salmos que são chamados *Graduais*.

Primeiro degrau

Pela consideração do homem

Capítulo I

Se alguém, realmente, deseja construir uma escada para Deus, deve começar pela consideração de si mesmo, pois cada um de nós é criatura e imagem de Deus e nada está mais próximo de nós do que nós mesmos.

Por isso, não sem razão, Moisés diz: *Guarda-te a ti mesmo* (Dt 4,9). Sobre estas palavras, São Basílio Magno escreveu um célebre sermão. Com efeito, quem olhar totalmente em volta de si e considerar as coisas que estão escondidas dentro de si, encontrará nelas como que um resumo admirável de todo o mundo, de onde, sem dificuldade, subirá até o Criador de todas as coisas.

Mas eu, por ora, nada mais decidi investigar a não ser as quatro causas comuns: Quem é meu autor? De que matéria me fez? Que forma me deu? E para que fim me criou?

Ora, se eu procurar o meu Criador, encontrarei que é somente Deus; se procurar a matéria da qual me fez, encontrarei que fui feito simplesmente do nada; daí deduzirei que o que existe em mim foi feito por Deus e que tudo é de Deus; se buscar a forma, encontrei que sou imagem de Deus; se buscar a finalidade, encontrarei que o próprio e mesmo Deus é meu Sumo e todo o Bem.

Assim, compreenderei quão grande é para mim a união e a amizade com Deus, porque Ele é meu único Criador, meu Autor, meu Pai, meu modelo, minha felicidade e meu tudo. E se compreender isso, como poderá acontecer que eu não o procure com ardentíssimo zelo? Nem pense nele? Nem suspire por Ele? Não deseje vê-lo e ser abraçado por Ele? Para não ter horror a tão densas trevas do meu coração, que, por tanto tempo, em nada menos pensei do que em Deus, nada menos desejei e busquei do que Deus, o único que é tudo para mim?

Capítulo II

Mas consideremos cada uma dessas coisas com um pouco mais de cuidado.

Pergunto-te, então, minha alma, quem te concedeu que existisses, já que antes, há não muito tempo, nada eras? Certamente não foram os pais de tua carne que te geraram, porque *o que nasceu da carne, é carne* (Jo 3,6), tu, porém, és espírito; nem foi o céu, a terra, o sol ou os astros que te produziram; pois, essas são coisas materiais e tu és imaterial. Na verdade, nem os anjos, ou os arcanjos, ou outra criatura espiritual puderam ser os autores para que existisses; porque tu não foste criada de alguma matéria, mas totalmente do nada e, afinal, ninguém pode fazer algo do nada, a não ser o Deus onipotente. Portanto, somente Ele, sem sócio, sem ajudante, pelas próprias mãos, que são sua inteligência e vontade, criou-te quando quis.

Mas, talvez, o teu corpo não foi o próprio Deus, mas outras criaturas que o produzirem, de forma que a alma deveria reconhecer a Deus como seu autor, e o corpo, os pais. Não é assim, mas o próprio Deus, embora para gerar a carne se sirva de pais homens como ínfimos ajudantes para fabricar a casa, todavia, Ele é o Arquiteto, o Autor, o verdadeiro Pai não só da alma, mas também do corpo e, por isso, quis ser e chamar-se Pai de todos os homens.

Porque, se os pais de tua carne fossem os verdadeiros autores e como que os arquitetos do teu corpo, por certo saberiam quantos músculos há no corpo humano, quantas veias, quantos nervos, quantos ossos grandes, quantos menores, quantos humores, quantos órgãos e muitas outras coisas semelhantes, que simplesmente ignoram, se não as tivessem aprendido pela ciência da anatomia.

Além disso, quando o corpo adoece, ou um membro se atrofia ou é cortado, se fossem os verdadeiros autores, eles poderiam certamente restaurá-lo ou formá-lo de novo por aquela mesma ciência pela qual o fabricaram, como aconteceu com os que fazem relógios ou os que constroem as casas, que sabem consertá-los e restaurá-las se for necessário. Ora, os pais para nada disso servem ou sabem.

Acrescenta que a união da alma com o corpo, que é a principal parte da composição da natureza humana, não pôde ser feita por ninguém, a não ser pelo artífice de poder infinito. Com efeito, que arte pôde unir tão estreitamente a carne ao espírito a ponto de terem se tornado uma só substância, senão a arte divina? Ora, o corpo não tem nenhuma semelhança ou proporção com o espírito. Portanto, isso só pode ter sido feito pelo *único que faz grandes maravilhas* (Sl 135,4).

Por isso, verdadeiramente, o Espírito do Senhor diz por Moisés no Deuteronômio: *Não é ele teu Pai, que te possuiu, que te fez e te criou?* (Dt 32,6), pelo santo Jó: *De pele e de carne me vestiste, de ossos e de nervos me organizaste* (Jó 10,11) e pelo Profeta Real: *Tuas mãos me fizeram e me formaram* (Sl 135,73) e de novo: *Tu me formaste e puseste sobre mim a tua mão* (Sl 138,5) e pela sapientíssima mulher, a mãe dos irmãos macabeus: *Não sei como fostes formados no meu ventre; não fui eu que vos deu o espírito e a vida, ou que formei os membros do vosso corpo, mas foi o Criador do mundo, que formou o homem no seu nascimento e deu origem a todas as coisas* (2Mc 7,22-23).

Daí que a sabedoria de Deus, isto é, Cristo Senhor, dizia: *A ninguém chameis de pai sobre a terra, porque um só é vosso Pai, que está nos céus* (Mt 23,9). Como admoestação, Santo Agostinho dizia a Deus de seu filho Adeodato, que gerara na fornicação: *Tu bem o terias feito; pois naquele menino eu não tinha nada, além do delito.* (*Confissões*, Livro 9, Cap. 6).

Portanto, minha alma, se Deus é o autor do teu corpo e da tua alma, se Ele é teu Pai, se te sustenta, se te nutre; se aquilo que és, és dele, se o que tens, dele o tens e aquilo que esperas, dele o esperas, por que não te glorias de tão grande pai? Por que não o amas de todo o coração? Por que, por causa dele, não desprezas todas as coisas terrenas? Por que te deixas dominar pelas cobiças vãs?

Ergue os olhos para ele: não temas o que teu inimigo possa fazer-te na terra, já que tens um Pai onipotente no céu. Com que confiança e que afeto pensas que Davi dizia: *Eu sou teu, salva-me* (Sl 118,94)?

Ah! Se refletisses, alma, o que significa que o onipotente e eterno Deus, que não precisa dos teus bens e que, se pereceres, Ele mesmo nada perde; e, no entanto, Ele não tira seus olhos de ti e te ama, te protege, te guia, te afaga como se tu fosses seu grande tesouro. Certamente, porias toda a confiança nele, temê-lo-ias como Senhor, amá-lo-ias como Pai, e não haveria bem ou mal temporal algum que pudesse afastar-te do seu amor.

Capítulo III

Vamos agora à matéria da qual o homem é formado. Na verdade, ela é muito vil; mas quanto mais vil, mais facilmente ela nos dispõe a formar em nós a virtude da humildade; e, nesta vida, não há virtude mais útil e mais rara e, por isso, mais preciosa e que deva ser cobiçada com o maior desejo.

E, quanto à matéria da alma, simplesmente, não se pode duvidar de que não seja o próprio nada, não se podendo imaginar ou pensar algo mais vil e mais vão. A matéria do corpo está próxima de que, senão do sangue menstrual? Coisa tão repugnante que os olhos se recusam a ver, as mãos a tocar e também o espírito tem horror de pensar. A matéria da qual foi formado o primeiro homem, que mais foi, senão terra roxa e estéril, ou pó e lama? A Escritura diz: *O Senhor Deus formou o homem do barro da terra* (Gn 2,7) e, de novo, Deus disse ao homem: *Tu és pó, e em pó te hás de tornar* (Gn 3,19). Eis porque o Patriarca Abraão, recordado de sua vileza, dizia a Deus: *Uma vez que comecei, falarei ao meu Senhor, ainda que eu seja pó e cinza* (Gn 18,27).

Mas nem aqui termina a vileza da matéria humana, porque a própria lama ou o pó não tiveram início de outra matéria, senão do nada. Pois, no princípio, Deus criou o céu e a terra; e, certamente, não de outro céu e de outra terra, mas os fez do nada.

Portanto, aquilo de onde proveio este ser soberbo que é chamado homem, quer queiras considerá-lo em relação à alma, quer em relação ao corpo, voltará ao nada. Por isso, nada existe no homem de que possa gloriar-se, como se aquilo não tivesse sido recebido de Deus.

Na verdade, as obras dos homens, quaisquer que sejam, quer provenham da inteligência, quer do trabalho, sempre têm em si mesmas algo de que, se tiverem inteligência, poderem gloriar-se contra o seu autor. Assim, um vaso de ouro, um cofre de madeira, uma imagem de marfim ou de mármore, se pudessem falar, diriam ao seu artífice: Devo-te a forma, mas não a matéria; e é mais precioso o que tenho por mim do que aquilo que recebi de ti.

Portanto, o homem, que nada tem por si mesmo e por si mesmo não é simplesmente nada, de nada pode gloriar-se. E, com muita verdade, diz o apóstolo: *Se alguém julga ser alguma coisa, não sendo nada, a si mesmo se engana* (Gl 6,3). E: *Que tens tu, que não tenhas recebido? E se o recebeste, por que te glorias, como se não o tivesses recebido?* (1Cor 4,7). São Cipriano diz a mesma coisa que o apóstolo quando afirma: *De nada devemos gloriar-nos, quando nada é nosso* (*A Quirino*, Livro 3, cap. 4).

Talvez dir-me-ás que os homens fazem muitas obras notáveis, pelas quais merecidamente são louvados, para que, com ser louvado, o valor cresça. É verdade, os homens fazem muitas obras excelentes pelas quais podem ser louvados e glorificados, mas no Senhor, não em si, conforme está escrito: *Aquele que se gloria, glorie-se no Senhor* (2Cor 10,17) e: *No Senhor gloriar-se-á a minha alma* (Sl 33,3).

Todavia, pergunto: Quando o homem faz uma obra notável, de que matéria a faz? Por qual força a faz? Por qual dirigente ou ajudante a faz? Certamente a faz com a matéria criada por Deus e não pelo próprio homem. E a faz pela força que Deus lhe deu e não por aquela que ele mesmo gerou. E a faz sob a direção e ajuda de Deus, pois, sem esta direção e ajuda não faria nada de bom. Ora, Deus faz muitas coisas boas no homem, sem a participação do homem; mas o homem não faz nenhuma coisa boa que Deus não faça, para que o homem faça conforme consta no 2º Concílio Arausicano, Cap. 20. Por isso, Deus se digna empregar o ministério do homem para fazer coisas boas, que Ele poderia fazer por si, para que o homem se confesse mais devedor de Deus e não para que se ensoberbeça em si, deixando de gloriar-se no Senhor.

Portanto, minha alma, se fores sábia, coloca-te sempre no último lugar: não roubes a glória de Deus, nem nas coisas pequenas nem nas maiores. Desce para o teu nada, que é a única coisa tua e o mundo todo não poderá erguer-te na soberba. Mas porque esta preciosa virtude da humildade já era, de fato, desconhecida do mundo e não constava nos livros do filósofos, nem se encontrava nos costumes dos povos, veio do céu o Mestre da humildade e *já que na forma de Deus* era igual ao Pai, *aniquilou-se a si mesmo tomando a forma de servo, humilhou-se a si mesmo feito obediente até a morte* (Fl 2,6-8) e disse ao gênero humano: *Aprendei de mim, que sou manso e humilde de coração e achareis descanso para as vossas almas* (Mt 11,29).

Por isso, minha alma, se, por acaso, te envergonhares de imitar a humildade dos homens, não te envergonhes de imitar a humildade de Deus, que não engana nem pode ser enganado e que *resiste aos soberbos e dá a graça aos humildes* (Tg 4,6; 1 Pd 5,5).

Capítulo IV

Segue agora que consideremos a forma, que é a terceira das causas. Na verdade, quanto mais vil for a matéria da qual é feito o homem, tanto mais preciosa e excelente é a forma que foi dada ao homem. Omito a forma exterior do corpo, isto é, a figura do corpo humano, que é superior às figuras de todos os seres vivos, pois esta forma não é substancial, mas acidental.

Por isso, a forma substancial do homem, que faz que ele seja homem e se distinga dos outros seres vivos, é a alma imortal, dotada de razão e de livre-arbítrio, imagem de Deus, expressa sob o modelo da suprema Divindade. Pois, assim lemos que Deus tenha dito quando quis formar o homem: *Façamos o homem à nossa imagem e semelhança e presida aos peixes do mar e às aves do céu e aos animais selváticos e a toda a terra e a todos os répteis que se movem sobre a terra* (Gn 1,26).

Por isso, o homem é imagem de Deus, não em razão do corpo, mas por causa do espírito, pois Deus é espírito e não corpo. *E a imagem de Deus*, diz São Basílio, *está onde está aquilo que domina sobre os outros seres vivos* (*Hom. in Hexaem.*, 10) e o homem não domina sobre os animais pelos membros do corpo, que em muitos animais são mais fortes do que no homem, mas pela mente, dotada de razão e de livre-arbítrio. De fato, o homem preside aos outros seres vivos não pelas qualidades que tem em comum com eles, mas por aquelas pelas quais se distingue deles e pelas quais é feito semelhante a Deus.

Eleva agora, minha alma, a mente para teu modelo e considera que todo o valor da imagem consiste na semelhança com seu modelo. Pois, se, por acaso, acontecer que o modelo é muito feio, como se costuma representar o demônio, então também a imagem será feia por representar adequadamente o modelo feio. Por isso, a feiura no modelo, será uma feiura; a feiura na imagem, será uma beleza. Mas se o modelo também for belo, a imagem será preciosíssima se representar, quanto mais puder, a beleza do modelo por sua beleza. E se a imagem tiver sentimentos, nada mais desejaria do que ver continuamente o seu modelo, e tornar-se semelhante a ele o mais que puder.

Teu modelo, ó alma, é Deus, beleza infinita, *luz* na qual *não há treva alguma* (1Jo 1,5), cuja beleza é admirada pelo sol e pela lua. E para que mais facilmente consigas imitar a beleza de tão grande modelo, desejar ardentemente e, de todos os modos, buscar a semelhança com Ele, pois nisso consiste toda a tua perfeição, toda a utilidade, toda a honra, toda a alegria, toda a tranquilidade e, enfim, todo o teu bem, sabe que a beleza de Deus, teu modelo, consiste na sabedoria e na santidade. Pois, assim como a beleza do corpo resulta da proporção dos membros e da suavidade da cor, da mesma forma, na substância espiritual, a suavidade da cor é a luz da sabedoria e a proporção dos membros é a justiça; mas por justiça não se entende alguma virtude particular, mas aquela virtude universal que contém todas as virtudes.

Por isso, é belíssimo o espírito cuja mente brilha com a luz da sabedoria e cuja vontade goza da plenitude de perfeita justiça. Mas Deus, teu modelo, repito, ó alma, é a própria sabedoria, a própria justiça e, por isso, a própria beleza. E porque cada um desses bens, nas Escrituras, é designado pelo nome de santidade, assim, em Isaías, os anjos aclamam a Deus: *Santo, Santo, Santo é o Senhor Deus dos exércitos* (Is 6,3) e o próprio Deus diz às suas imagens: *Sede santos porque eu, vosso Senhor e Deus, sou santo* (Lv 11,44) e, no Evangelho, o Senhor diz: *Sede perfeitos, como também vosso Pai celestial é perfeito* (Mt 5,48).

Portanto, alma, se, como verdadeira imagem de Deus, desejas tornar-te muito semelhante do teu modelo, é necessário que ames a sabedoria e a justiça mais do que todas as coisas. A verdadeira sabedoria consiste em julgar todas as coisas segundo a altíssima causa. Ora, a altíssima causa é a vontade divina, ou a lei que manifesta aos homens a vontade de Deus. Por isso, se amas a sabedoria, é preciso que, em todas as coisas, não ouças o que afirma a lei da carne, o que os sentidos julgam ser bom, o que o mundo aprova, o que os parentes aconselham e, muito menos, o que os aduladores propõem; mas te tornes surda a todos estes, para atender somente à vontade do Senhor, teu Deus; assim, em toda a parte, consideres útil, glorioso, desejável e bom para ti aquilo que é conforme à vontade e a lei de Deus.

Esta é a sabedoria dos santos, da qual escreveu o sábio: *Eu a amei mais do que a saúde e a formosura e me resolvi a tê-la por luz, porque sua claridade é inextinguível, Todos os bens me vieram com ela e inumeráveis riquezas por suas mãos* (Sb 7,10-11).

Realmente, a Justiça, que é a segunda parte da beleza espiritual, de fato, engloba todas as virtudes que ornam e completam a vontade, mas, especialmente, a caridade, que é mãe e raiz de todas as virtudes e da qual Santo Agostinho, no fim do livro *A natureza e a graça*, diz assim: *A caridade iniciada, é a justiça que começa; a caridade adiantada, é a justiça que avança; a caridade perfeita, é a perfeita justiça* (*A natureza e a graça*, cap. 70), porque, como ensinou o apóstolo: *aquele ama cumpriu a lei, porque o amor não pratica o mal e assim o amor é a plenitude da lei* (Rm 13,8.10), e como diz São João: *Quem guarda a sua palavra* (isto é, os seus mandamentos)*, nesse o amor de Deus é verdadeiramente perfeito* (1Jo 2,5).

Portanto, aqueles que querem tornar-se semelhantes ao modelo divino, devem obedecer àquele que diz: *Sede, pois, imitadores de Deus, como filhos muito amados e andai no amor* (Ef 5,1-2). Ora, o Filho é a imagem do Pai; e, como dissemos acima, todo o valor da imagem consiste em ser muito semelhante ao seu modelo.

Ó alma, de quanta paz gozarias se compreendesses perfeitamente essas coisas e se, tornada semelhante ao teu modelo pela beleza da verdadeira sabedoria e da verdadeira justiça, agradasses aos olhos do Sumo Rei? De quanta alegrias exultarias? Com que facilidade desprezarias todos os prazeres do mundo? Mas, ao contrário, se considerasses com que veemência Deus se indignaria ao ver sua imagem, despojada da luz da sabedoria e da beleza da justiça, desonrar-se, manchar-se, obscurecer-se; e o homem, colocado em tamanha honra de ser semelhante a Deus, agora ser *comparado aos animais sem razão e tornar-se semelhante a eles* (Sl 48,13), certamente sentirias horror e tremerias e, de forma alguma, poderias achar sossego enquanto não tivesses lavado todas as culpas nos rios de lágrimas que jorram de uma amaríssima contrição e tivesses voltado à semelhança do teu belíssimo modelo.

Mas, porque, enquanto peregrinas longe do Senhor e caminhas pela fé e não pela visão (cf. 2Cor 5,7), necessitas continuamente da ajuda do próprio Senhor, tanto para permaneceres na semelhança já adquirida, quanto para te tornares dia após dia mais semelhante, isto é, mais formosa e mais resplandecente, geme de todo o coração a Deus, dizendo-lhe: Ó Senhor santo e misericordiosíssimo, a quem aprouve fazer esta minha alma a tua imagem, peço-te que aperfeiçoes esta tua pequena imagem, faze-a crescer em sabedoria e em justiça, guarda-a no segredo do teu tabernáculo, para que nem a lama da concupiscência carnal, nem a fumaça da honra secular, nem o pó dos pensamentos terrenos, consigam manchá-la.

Capítulo V

Resta a última causa, que se chama finalidade.

Ora, a finalidade para a qual o homem foi criado não é outra, senão o próprio e mesmo Deus. Todavia, porque a finalidade é dupla, uma intrínseca e outra extrínseca, falaremos breve e separadamente de cada uma delas.

A finalidade intrínseca de cada coisa é o estado perfeito ao qual aquela coisa pode chegar. A finalidade intrínseca de um palácio é sua conclusão e a própria perfeição do palácio; de fato, diz-se que está realmente terminado, quando nada lhe falta daquilo que a estrutura de palácio requer. A finalidade intrínseca da árvore é o estado perfeito que sua natureza exige: pode-se, pois, dizer que a árvore alcançou sua finalidade quando estendeu os ramos, produziu as folhas, está ornada de flores e, pouco depois, é vista carregada de frutos maduros.

Por isso, poder-se-á dizer que o homem, que foi criado para um fim elevadíssimo, alcançou sua finalidade quando sua mente vir a Deus como Ele é, sendo tal visão acompanhada da ciência de todas as coisas, sua vontade de gozar do próprio sumo bem que tiver tão ardentemente amado e desejado, e o corpo, dotado da imortalidade e da impassibilidade e enriquecido de outros dotes gloriosos, possuir a perpétua paz e alegria.

E porque a essência desta beatitude final é a visão de Deus, pela qual as imagens de Deus, portanto, nós mesmos, chegaremos ao perfeito estado e à perfeita semelhança com nosso modelo divino, é que São João escreve: *Agora somos filhos de Deus, mas ainda não se manifestou o que seremos. Sabemos que, quando Ele se manifestar, seremos semelhantes a Ele, porque o veremos como Ele é* (1Jo 3,2).

Ó alma, se pudesses refletir o que significa: *Seremos semelhantes a Ele, porque o veremos como Ele é*, com que rapidez desapareceriam todas as nuvens das cobiças terrenas?

Deus é sumamente bem-aventurado, e é bem-aventurado porque sempre se vê como é, e vendo claramente a si mesmo como o Sumo Bem, ardentissimamente amado, goza-se desde a eternidade sem jamais cessar.

Ele quis que também tu, com os santos anjos, fosses participante deste inestimável bem: criou-te para esta sublimíssima e excelsíssima finalidade. Este é o significado de: *Entra no gozo do teu Senhor* (Mt 25,21), isto é, sê participante do gozo de que goza o próprio Deus, e também da palavra: *Eu preparo o reino para vós, como meu Pai o preparou para mim, para que comais e bebais à minha mesa no meu reino* (Lc 22,29-30), isto é, far-vos-ei participantes do meu reino e da minha mesa real, para que gozeis daquela honra, daquele poder e daquele prazer de que eu gozo e do qual goza Deus, meu Pai.

E quem poderá imaginar quanta é a honra, quanto o poder, quanto o prazer, quanta a felicidade do Rei de todos os reis, do Senhor de todos os senhores, do Senhor nosso Deus?

Certamente, quem conseguir elevar-se pela meditação e pela esperança a tão grande altura de nossa finalidade, envergonhar-se-á por lutar pela posse dos bens terrenos, ou por preocupar-se com qualquer uma das coisas temporais, ou regozijar-se por benefícios temporais; envergonhar-se-á, repito, por cobiçar os prazeres aos quais aspiram os animais, aquele que foi feito companheiro dos anjos e participante da amizade de Deus e dos seus inestimáveis bens; porque tudo é comum entre amigos.

Capítulo VI

Porém, a finalidade extrínseca de cada coisa é aquela para quem ela foi feita. A finalidade do palácio é seu habitante; a finalidade da árvore é seu dono; a finalidade do homem é unicamente o Senhor seu Deus, porque Ele fez o homem, criou-o do que era seu e o fez para si. Ele o conserva, o nutre e o recompensa. Por isso, com justiça ordena e diz: *Adorarás o Senhor teu Deus e só a ele servirás* (Mt 4,10; Lc 4,8).

Mas presta bem atenção, alma, que todas as outras coisas, que foram feitas para o homem, são úteis ao homem, não a si mesmas; os animais trabalham para o homem, não para si; os campos, as vinhas, as hortas enchem o celeiro, o armazém e a bolsa do homem, não os seus; e mesmo os servos trabalham, suam e se cansam, porém, o lucro, o descanso e o prazer são do patrão.

Todavia, o Senhor teu Deus, que de nada precisa, quer que o homem o sirva, mas quer que o proveito, o lucro e o prêmio sejam do homem que o serve e não dele.

Oh! Senhor, suave e doce e de muita misericórdia (Sl 85,5), quem não te servirá de todo o coração se começar a provar um pouco da doçura do teu paterno domínio? O que ordenas, Senhor, aos teus servos? *Tomai sobre vós o meu jugo*. E como é o teu jugo? Dizes: *Meu jugo é suave e meu fardo é leve* (Mt 11,29-30). Quem não carregará, de muito boa vontade, esse jugo que não pesa, mas conforta; esse jugo que não oprime, mas fortalece? Por isso, com razão, acrescentaste: *E achareis descanso para as vossas almas* (Mt 11,29).

E qual é esse teu jugo, que não cansa, mas traz repouso? É, sem dúvida, aquele primeiro e maior mandamento: *Amarás o Senhor teu Deus de todo o teu coração* (Dt 6,5; Mt 22,37). Afinal, o que é mais fácil, mais suave, mais doce, do que amar a bondade, a beleza e o amor, pois és tudo isso, Senhor meu Deus? Corretamente julgou o teu servo Davi ao considerar que teus mandamentos *são mais para desejar do que o muito ouro e as muitas pedras preciosas; e são mais doces do que o mel e o favo* (Sl 18,11), e acrescentou: *E em guardá-los há grande recompensa* (Sl 18,12).

Que é isso, Senhor? Também prometes um prêmio aos que guardam teus mandamentos, mais desejáveis do que o muito ouro e mais doces do que o favo de mel? Entretanto, é assim; prometes um prêmio e um prêmio muito grande, conforme diz o teu Apóstolo Tiago: *Receberá a coroa da vida, que Deus prometeu aos que o amam* (Tg 1,12). E o que é a coroa da vida? Sem dúvida, é o maior bem que podemos imaginar e desejar. Com efeito, assim fala São Paulo, citando Isaías: *Nem o olho viu, nem o ouvido ouviu, nem entrou no coração do homem o que Deus preparou para aqueles que o amam* (1Cor 2,9; Is 64,4). Por isso, é verdadeiramente grande o prêmio que recebem os que observam os teus mandamentos.

E não só aquele primeiro e máximo mandamento é útil ao homem que obedece e não a Deus que ordena, mas também os outros mandamentos de Deus, que adornam, instruem e iluminam e, por fim, tornam bom e feliz aquele que obedece. Portanto, se fores sábio, compreende que foste criado para a glória de Deus e para a tua salvação eterna e que esta é tua finalidade, este é o centro de tua alma, este é o tesouro do teu coração.

Se alcançares esta finalidade, será bem-aventurado; se dela te afastares, serás miserável. Por isso, considera, realmente, bom para ti aquilo que te conduz à tua finalidade e um verdadeiro mal o que te afasta da finalidade. A prosperidade e a adversidade, a riqueza e a pobreza, a saúde e a doença, as honras e as ignomínias, a vida e a morte não devem ser por si mesmas esperadas nem rejeitadas pelo sábio; mas se conduzirem para a glória de Deus e para tua eterna felicidade, são coisas boas e devem ser aguardadas; porém, se a impedirem são males e deve-se fugir delas.

Segundo degrau

Pela consideração do mundo maior

Capítulo I

Construímos o primeiro degrau da escada de subir para Deus pela consideração do homem, que se chama mundo menor; agora decidimos construir o segundo degrau, pela consideração desta imensa massa que costuma ser chamada de mundo maior.

Em seu Segundo Sermão sobre a Páscoa, São Gregório Nazianzeno escreve que Deus constituiu o homem como um mundo grande em escala pequena. Isso é verdade se do mundo excluirmos os anjos, pois o homem é maior do que todo o mundo visível; não pela massa, mas pela virtude. Porém, se no mundo incluirmos os anjos, como entendemos incluí-los aqui, o homem é um mundo pequeno posto num mundo maior.

Por isso, neste grande mundo, que abrange a totalidade de todas as coisas, muitas delas são simplesmente admiráveis, e entre estas, sobretudo, a grandeza, a quantidade, a variedade, a eficácia e a beleza. E todas essas coisas, se, com o auxílio da luz divina, as considerarmos com grande atenção, não têm pouca força para fazer que a alma se eleve de tal maneira que, na contemplação de tamanha grandeza, quantidade, variedade, eficácia e beleza, quase desfaleça e, voltando a si, despreze como vão e sem valor aquilo que vir fora de Deus.

Certamente, o orbe terrestre é grande, tão grande que o *Eclesiástico* diz: *A extensão da terra e a profundidade do abismo, quem os pode medir?* (Eclo 1,2), e isso também pode ser entendido porque após tantos milhares de anos que passaram desde que o orbe foi criado, ainda não foi conhecida toda a superfície da terra, que é a extensão de que fala o *Eclesiástico*, e que os nossos homens procuram diligentemente.

E pergunto, quanta é a massa da terra se for comparada com o âmbito do supremo céu? Os astrônomos dizem, com razão, que é como que um ponto. Pois vemos que os raios solares, apesar da interposição da terra, atingem os astros do lado oposto do firmamento, como se a terra não fosse absolutamente nada. E se uma estrela qualquer do firmamento é maior do que todo o orbe terrestre, segundo a opinião comum dos sábios e, todavia, por causa de sua infinita distância nos parece pequeniníssima, quem poderá compreender a grandeza do céu, onde brilham tantos milhares de estrelas?

Portanto, se da superfície e da profundidade da terra o *Eclesiástico* disse: *A extensão da terra e a profundidade do abismo, quem os pede medir*, pergunto, o que dizer da superfície exterior do céu e da profundidade do mundo todo, começando do mais alto do céu até os infernos? Realmente, é tamanha a massa material deste mundo que nenhuma mente, nenhum pensamento pode concebê-la.

Ora bem, minha alma, pergunto-te, se o mundo é tão grande, qual será o tamanho de quem o fez? Grande é o Senhor e sua grandeza não em limite. Ouça, então, Isaías: *Quem é que mediu as águas com a concavidade de sua mão e pesou os céus com o seu palmo? Quem sustentou em três dedos toda a massa da terra?* (Is 40,12).

Ao expor esta passagem, segundo a versão de Áquila, São Jerônimo diz que por concavidade devemos entender o dedo mínimo e, então, o sentido da frase seria: Deus mede toda a água, que é menor do que a terra, com o dedo mínimo e a massa da terra com três dedos; pesa o céu, que é maior do que a terra e a água conjuntamente, com o palmo.

Mas tudo isso é metafórico, já que Deus é espírito e, propriamente, não tem dedos nem palmos; porém, com essas comparações, a Escritura mostra suficientemente que Deus é muito maior do que suas criaturas; o que Salomão expressou com maior clareza quando disse: *O céu e o céu dos céus não podem conter-te* (2Cr 6,18). Isso é tão verdadeiro que se fosse criado um outro mundo, este também ficaria cheio de Deus ou se fossem criados muitos ou mesmo infinitos mundos, Deus encheria a todos.

E não penses, minha alma, que o teu Deus enche o mundo de forma que uma parte dele está numa parte do mundo e todo ele em todo o mundo. Pois Deus não tem partes, mas está todo no mundo todo e todo em cada parte do mundo, porque está presente em toda a parte com sua onipotência e sua sabedoria.

Assim, se lhe fores fiel, ainda que os inimigos se unam contra ti, teu coração não temerá, pois o que poderá temer aquele que a seu lado tem um Pai, um Amigo, um Esposo todo-poderoso, que tudo vê e tudo ama ardentemente?

Mas se, por causa de tua culpa, tiveres irado a Deus, juiz e inimigo que tudo pode, que vê todas as coisas e que detesta e odeia os pecados com implacável ódio, então, com razão, deverás ser tomada de um temor horrível e não dar nenhum descanso a teus olhos e a teus pés, a não ser que, tendo aplacado a Deus por uma verdadeira penitência, voltes a respirar na luz de sua misericórdia.

Capítulo II

E agora, quem poderá enumerar a multidão das coisas criadas pelo único Deus, criador do céu e da terra? Diz o *Eclesiástico*: *A areia do mar e as gotas da chuva, quem as pode contar?* (Eclo 1,2).

Mas, omitindo todas essas coisas pequeniníssimas, quantos são os metais, quanto ouro e prata, quanto cobre e chumbo, quantas pedras preciosas, joias e pérolas estão no seio da terra e do mar? Quantos gêneros e espécies, quantos tipos de ervas, frutas e plantas há sobre a terra? E quantas partes em cada uma delas? E também quantos gêneros, espécies e indivíduos de seres vivos, perfeitos e imperfeitos, quadrúpedes, répteis e aves? No mar, quantos gêneros, espécies e indivíduos de peixes? Quem poderá contá-los?

O que diremos da multidão do gênero humano, do qual está escrito: *Segundo o teu altíssimo desígnio multiplicaste os filhos dos homens* (Sl 11,9)? Finalmente, quantas são as estrelas no céu? Quantos os anjos no céu? Pois sobre as estrelas lemos na veracíssima *Escritura*: *Conta as estrelas, se podes* (Gn 15,5). E em outro lugar compara a multidão das estrelas com a multidão da areia do mar (cf. Gn 22,17), sendo muito sabido que é inumerável.

O Profeta Daniel escreve a respeito dos anjos: *Eram milhares de milhares os que o serviam, e mil milhões os que assistiam diante dele* (Dn 7,10); e Santo Tomás afirma, com São Dionísio, que a multidão dos anjos é tão grande que supera a multidão de todas as coisas materiais.

Por isso, essa multidão quase infinita de coisas criadas por um só Deus todo-poderoso, demonstra que as perfeições da própria essência divina são absolutamente infinitas. Ora, Deus quis fazer-se conhecer pelo homem da melhor forma possível por meio das coisas criadas e, porque nenhuma criatura teria podido representar adequadamente a infinita perfeição do Criador, multiplicou as criaturas, e deu a cada uma delas alguma bondade e perfeição, para que assim pudesse conhecer a bondade e a perfeição do Criador, que, na perfeição de sua essência simplicíssima, encerra perfeições infinitas, da mesma maneira que uma moeda de ouro contém o valor de muitas moedas de cobre.

Portanto, minha alma, o que te ocorrer aos olhos ou ao pensamento que pareça admirável, seja para ti uma escada para conhecer a perfeição do Criador, que, sem comparação alguma, é maior e mais admirável; assim, acontecerá que *as coisas criadas que se tornaram um laço para os pés dos insensatos* (Sb 14,11), conforme ensina a sabedoria, não te iludirão, mas instruir-te-ão; nem te repugnarão, mas se tornarão para ti um degrau para coisas melhores.

Por isso, se aparecer o ouro, ou a prata, ou as pedras preciosas, dize no teu coração: Mais precioso é o meu Deus que prometeu dar-se a mim, se eu desprezar essas coisas. Se os reinos e os impérios do mundo provocarem tua admiração, dize no teu coração: Quanto mais excelente é o Reino dos Céus, que dura para sempre e que Deus, que não mente, prometeu aos que o amam. Se os prazeres e as delícias começarem a estimular em ti a inclinação carnal, dize em teu coração: O prazer do espírito é muito mais agradável do que o prazer da carne, e os delícias da mente, mais do que as do ventre, pois estas, dá-as a criatura mortal, aquelas, o Deus de toda a consolação e quem as prova, pode dizer com o apóstolo: *Estou cheio de consolação, estou inundado de alegria no meio de todas as nossas tribulações* (2Cor 7,4).

Enfim, se alguma coisa bela, nova, insólita, grande e maravilhosa te for oferecida para afastar-te do Senhor teu Deus, responde, com segurança, que tudo quanto de bom existe nelas, sem dúvida alguma se encontra em muito maior quantidade e melhor qualidade no teu Senhor; e assim não te convém trocar o ouro pelo cobre, as pedras preciosas pelo vidro, as coisas grandes pelas pequenas, as certas pelas duvidosas e as eternas pelas temporais.

Capítulo III

Todavia, embora a multidão das coisas criadas seja admirável e revele a multíplice perfeição do único Deus, muito mais admirável é a variedade das coisas que se descobre naquela multiplicidade, e que mais facilmente nos conduz ao conhecimento de Deus.

Com efeito, não é difícil reproduzir, com um único sinete, muitas imagens perfeitamente semelhantes; nem compor inúmeras cartas com os mesmos tipos; mas variar as formas de maneira quase infinita como Deus fez na criação das coisas, isso é uma obra claramente divina e muito digna de ser admirada. Omito os gêneros e as espécies das coisas, que são extremamente variadas e diferentes. Nos próprios indivíduos das ervas, das plantas, das flores e dos frutos, quanta variedade existe? As formas, as cores, os odores, os sabores, por acaso não variam de maneiras quase infinitas? E não se observa a mesma coisa nos seres vivos?

Que direi, então, dos homens, já que em um exército numerosíssimo dificilmente encontrar-se-ão dois homens perfeitamente semelhantes? E o mesmo acontece também nas estrelas e nos anjos, pois, como atesta o apóstolo na *Primeira Carta aos Coríntios, há diferença de estrela para estrela na claridade* (1Cor 15,41) e Santo Tomás afirma que embora os anjos sejam em maior número do que as coisas materiais, todavia todos são diferentes entre si não só pelo número de indivíduos, mas também pela forma específica.

Agora, minha alma, eleva os olhos da mente para Deus, no qual estão as razões de todas as coisas, e de onde, como de uma fonte de infinita abundância, manou aquela quase infinita variedade. Com efeito, Deus não poderia imprimir tão inumeráveis formas nas coisas criadas se, no seio de sua essência, não contivesse as razões delas de um modo muito excelente e muito elevado. Por isso, com razão, exclama o Apóstolo: *Ó profundidade das riquezas da sabedoria e da ciência de Deus!* (Rm 11,33), pois é verdadeiramente um abismo de infinita profundidade, no qual estão escondidos os tesouros das riquezas da sabedoria e da ciência que pôde produzir tão grande variedade das coisas.

Com justiça, também São Francisco, iluminado pela luz divina, dizia ao Senhor: *Meu Deus e meu tudo*, porque as diversas perfeições que se encontram espalhadas e divididas nas coisas criadas, estão reunidas de uma maneira melhor e muito mais eminente num único Deus.

Mas dirás, alma, todas estas coisas parecem certamente verdadeiras; os bens criados, porém, vemo-los com os olhos, tocamo-los com as mãos, provamo-los com a boca; possuímos e usufruímos as próprias coisas; mas não vemos a Deus, não o tocamos, não o provamos, não o possuímos e apenas o imaginamos com o pensamento, quase como uma coisa colocada muito distante; por isso, não é de admirar se as coisas criadas nos impressionam mais do que Deus.

Porém, se a fé ainda vive em ti e estiver vigilante, minha alma, não podes negar que depois desta vida, que foge como uma sombra, se permaneceres na fé, na esperança e no amor, hás de ver verdadeira e claramente o próprio Deus como Ele é em si, possui-lo-ás e o usufrui-lo-ás muito melhor e mais intimamente do que usufruis agora as coisas criadas.

Ouve o próprio Senhor: *Bem-aventurados os puros de coração, porque verão a Deus* (Mt 5,8). Ouve o Apóstolo Paulo: *Nós agora vemos* (a Deus) *como por um espelho, em enigma, mas então o veremos face a face* (1Cor 13,12). Ouve São João: *Seremos semelhantes a Ele, porque o veremos como Ele é* (1Jo 3,2).

Enfim, peço-te, que parte deste mundo te pertence? Certamente não o mundo inteiro, nem a metade, nem a terça ou a quarta parte, mas apenas alguma partícula te interessa e esta, quer queiras ou não, em breve, serás obrigado a deixá-la.

A Deus, porém, em quem estão todas as coisas, possui-lo-ás todo, e hás de possuí-lo eternamente, pois *Deus será tudo em todos* (1Cor 15,28) os santos e bem-

-aventurados por toda a eternidade. Ele será para ti vida, alimento, roupa, casa, honra, riquezas, prazer e todas as coisas.

Acrescenta que teu Deus, suave e manso, não ordena que, enquanto peregrinas na terra, simplesmente tenhas falta do consolo das criaturas e até criou todas as coisas para que te sirvam; mas Ele ordena que te sirvas delas com moderação, sobriedade e temperança e alegremente as repartas com os pobres e que elas não te dominem, mas tu as domines e delas te sirvas para merecer a Deus.

Portanto, reflete, com muitíssimo cuidado, se não te é mais útil contentar-te nesta vida com as coisas criadas enquanto necessárias e, na outra, gozar eternamente do próprio Criador, no qual (como já disse muitas vezes) estão todas as coisas; ou realmente trabalhar nesta vida com todo o esforço na aquisição dos bens temporais, sem jamais ser saciado por sua abundância, e na outra, de repente, perder todos os bens temporais, sem jamais alcançar os bens eternos.

Por fim, acrescenta que Deus não está tão longe dos que o amam, que não lhes dê, já nesta vida, grandes e maiores alegrias do que aquelas que os amantes deste mundo encontram nas coisas criadas.

Afinal, não está escrito falsamente: *Lembrei-me de Deus e senti-me cheio de gozo* (Sl 76,4), e: *Põe as tuas delícias no Senhor e te concederá o que deseja teu coração* (Sl 36,4), e: *Eu, porém, alegrar-me-ei no Senhor* (Sl 10,2), e: *Alegra a alma do teu servo, porque a ti, Senhor, elevei a minha alma* (Sl 85,4).

E, para omitir outras coisas, quando o Apóstolo diz: *Estou cheio de consolação, estou inundado de alegria no meio de todas as nossas tribulações* (2Cor 7,4), certamente não significa que a consolação nasça da tribulação, e a alegria, da dor, pois os espinhos não produzem uvas, nem os cardos, figos. Significa, porém, que, para suavizar as tribulações, Deus infunde em seus amigos consolações tão puras, tão doces, tão sólidas que de forma alguma podem ser comparadas aos prazeres temporais.

Por isso, alma, mantém como firme conclusão: Quem encontra a Deus, encontra tudo e quem a Deus perde, tudo perde.

Capítulo IV

Segue-se agora que, pela força que Deus concede às coisas criadas, nos elevemos para conhecer a infinita força do Criador. Simplesmente não existe nenhuma coisa que não tenha uma admirável força, poder ou eficácia.

Com que ímpeto cai a terra, ou a pedra feita de terra, se descer do alto? O que não há de quebrar? O que lhe resiste? Quando, no *Apocalipse*, o Espírito Santo quis descrever o fortíssimo ímpeto com que a grande Babilônia, isto é, a totalidade dos ímpios, será precipitada para as profundezas do abismo no dia do juízo, diz assim: *Então um anjo forte levantou uma pedra como uma grande mó de moinho e lançou-a ao mar, dizendo: Com este ímpeto será precipitada aquela grande cidade de Babilônia e não será jamais encontrada* (Ap 18,21).

Mas a água, que, mole e branda suavemente corre sobre a face da terra, quando se enfurece e se incha nos rios e nas torrentes, derruba e destrói tudo aquilo que a ela se opõe; vemos que destrói não só as casas dos camponeses, mas também as portas e os muros das cidades e as pontes de mármore.

E os ventos, que, por vezes, sopram com muita suavidade, despedaçam as maiores naves contra os rochedos, desenraízam e derrubam velhos carvalhos. Eu mesmo vi e, se não tivesse visto, não acreditaria, um vento impetuosíssimo arrancar uma grande massa de terra e transportá-la para uma aldeia, assim que deixou um profundo fosso no lugar onde a terra fora tirada e a aldeia, sobre a qual caíra, totalmente coberta, quase sepultada.

Que diremos, então, do fogo? Com que velocidade um pequeno fogo cresce para uma chama tão grande, que, quase num momento, devora e consome casas e bosques, como diz São Tiago: *Vede como um pouco de fogo incendeia um grande bosque!* (Tg 3,5).

E nas ervas, que múltiplas propriedades estão escondidas? Nas pedras, sobretudo no ímã e no âmbar, quantas maravilhosas forças se encerram? Entre os animais, vemos que alguns são robustíssimos, como os leões, os ursos, os touros e os elefantes; outros são inteligentíssimos, embora pequeníssimos, como as formigas, as aranhas e as abelhas.

Omito falar do poder dos anjos, da força do sol e das estrelas, que estão demasiado longe de nós e, finalmente, da inteligência dos homens, pela qual foram inventadas tantas artes, que muitas vezes duvidamos se a natureza concede a palma à arte, ou antes, a arte, à natureza.

Levanta agora, alma, os olhos da mente para Deus e observa quanta força, quanto eficiência, quanto poder existe no Senhor teu Deus, a quem foi dito pela Escritura, que sempre diz a verdade: *Quem dentre os fortes é semelhante a ti, Senhor?* (Ex 15,11); e: *O único que faz grandes maravilhas* (Sl 135,4); e: *O bem-aventurado e o único poderoso, o Reis dos reis e Senhor dos senhores*

(1Tm 6,15). Com efeito, todas as forças que as coisas criadas possuem, elas as têm de Deus e as terão até que aprouver a Deus que as tenham.

Pois, quem fez que nem as águas do mar, nem os dentes da baleia causassem dano a Jonas, encerrado no ventre do peixe, a não ser Deus? (cf. Jn 2,1-11). Quem fechou as bocas dos leões famintos, a fim de não tocarem em Daniel, a não ser Deus? (cf. Dn 6,22). Quem conservou ilesos os três jovens na fornalha de fogo ardente, senão Deus? (cf. Dn 3,50). Quem disse ao vento impetuoso e ao mar bravio: Cala-te e emudece. O vento amainou e seguiu-se uma grande bonança (cf. Mc 4,39), a não ser Cristo, verdadeiro Deus?

Mas o próprio Deus, que não recebeu de outro a força e o poder, mas sua vontade é poder e um poder ao qual nada pode resistir; Ele tem um poder infinito, e o tem sempre e em toda a parte. E todo o poder dos homens, que não é pequeno nem fraco, comparado com o poder de Deus simplesmente não é nada, pois como fala Isaías: *Todos os povos na sua presença são como se não existissem, e ele os considera como um nada, uma coisa que não existe* (Is 40,17). Por isso, não são insensatos aqueles que temem as coisas criadas e não temem o Deus onipotente? E aqueles que confiam na própria força e na força dos seus amigos e não confiam em Deus todo-poderoso? *Se Deus é por nós, quem será contra nós?* (Rm 8,31). E se Deus for contra nós, quem será por nós?

Portanto, minha alma, se és sábia, humilha-te sob a poderosa mão de Deus (cf. 1Pd 5,6), une-te a Ele pela verdadeira piedade e não temerás o que te possa fazer o homem, o demônio ou outra criatura. Porém, se, por acaso, diminuíste a tua piedade e provocaste a ira do teu

Deus, não dês descanso aos teus dias, enquanto não encontrares a paz do teu Senhor, porque *é coisa horrenda cair nas mãos do Deus vivo* (Hb 10,31).

Capítulo V

Resta-nos examinar a beleza das coisas criadas, da qual disse o profeta: *Alegraste-me, Senhor, com as tuas obras* (Sl 91,5). E certamente, se considerarmos corretamente as coisas que Deus fez, veremos que todas as coisas são boas, assim como todas são belas. Porém, sem falar das outras, consideremos aquelas que, na opinião e na aprovação de todos, são belas.

Certamente, grande é a beleza dos prados verdejantes, das hortas bem cultivadas, dos ameníssimos bosques, do mar tranquilo, do ar sereno, das fontes, dos rios, das cidades, do céu brilhante e das inúmeras estrelas cintilantes como pérolas.

Como encanta a beleza de uma árvore coberta de flores ou carregada de frutos? As variadas formas dos quadrúpedes, o voo das aves, as evoluções dos peixes? Que direi da beleza das estrelas, da lua e, sobretudo, do grandíssimo e luminosíssimo esplendor do sol, que desde o seu nascer alegra todo o universo?

Os homens, porém, de quem especialmente estamos falando, de nada se alegram mais do que da própria beleza e formosura. O *Eclesiástico* diz: *Por causa da formosura da mulher muitos pereceram* (Eclo 9,9). Muitas vezes, vimos e ficamos doloridos, que homens, aliás, muito sábios, ficaram presos de muito amor pela beleza das mulheres e, por outro lado, mulheres sérias e honradas de tal maneira enlouquecidas pela beleza dos homens que abandonaram os interesses familiares, a dignidade, os filhos, os parentes e até a própria vida e também a salvação eterna por amor à formosura dos homens. São conhecidos os atos de Davi, Salomão e Sansão, que se leem nas Santas Escrituras, e as histórias estão cheias de exemplos semelhantes.

Portanto, minha alma, se tanta é a beleza que Deus colocou nas coisas criadas, pensa quão grande e admirável deve ser a beleza de seu formosíssimo Criador? Com efeito, ninguém pode dar o que não tem. E, como diz o sábio, se os homens, encantados pela beleza do sol e das estrelas, *julgaram-nos deuses, reconheçam quanto é mais formoso do que elas aquele que é o seu Senhor, porque foi o autor da formosura que criou todas estas coisas* (Sb 13,3).

Todavia, certamente podemos conhecer quanta é a beleza de Deus não só porque a beleza de todas as coisas criadas está contida nele de maneira mais eminente, mas também porque, embora nos seja invisível enquanto peregrinamos longe dele, somente o conheçamos, quanto nos é possível, pela fé das Escrituras e pelo espelho das coisas criadas e, também, por muitos Santos que arderam de tal maneira no seu amor a Deus, que se retiraram para locais desertos e quiseram entregar-se unicamente à contemplação dele, como Santa Maria Madalena, Paulo o primeiro eremita, Antão o grande e inúmeros outros sobre os quais pode-se conferir na História religiosa de Teodoreto.

Outros, para usufruir da amizade de Deus, deixando cônjuges e filhos e o que possuíam na terra, quiseram viver nos mosteiros, sob a vontade dos outros. Outros ainda, para merecerem a visão daquela infinita beleza, de boa vontade desejaram expor a própria vida no meio de acerbíssimas dores. Ouve um deles, isto é, Santo Inácio Mártir na Carta aos Romanos: "Venham a mim o fogo, as cruz, os animais, a fratura dos ossos, a divisão dos membros, os esmagamentos de todo o corpo e todos os tormentos do demônio, contanto que eu usufrua de Cristo".

Portanto, se a beleza divina, ainda não vista, mas somente acreditada e esperada, acende tal fogo de desejo, o que fará ela quando, tirado o véu, puder ser contemplada como é em si mesma? Certamente, fará que, inebriados pela torrente daquele prazer, não queiramos nem possamos, por um momento sequer, tirar os olhos dela.

E o que há de admirável se os anjos e as almas bem-aventuradas sempre virem a face do Pai, que está no céu, e que aquela visão não cause nenhum tédio ou saciedade, se o próprio Deus, desde toda a eternidade, sempre contempla a sua beleza e nela repousa totalmente e feliz por aquela visão, não queira outra coisa, e como se tendo entrado numa adega ou num horto de todas as delícias, daí não saia, nem jamais haverá de sair.

Procura esta beleza, minha alma, suspira por ela noite e dia e dize com o profeta: *A minha alma tem sede do Deus forte e vivo; quando irei e aparecerei diante da face de Deus?* (Sl 41,3) e com o apóstolo dize: *Cheios de confiança, temos mais vontade de nos ausentarmos do corpo e estar presentes ao Senhor* (2Cor 5,8). E não temas ser manchada pelo veemente amor daquela beleza, pois o amor da beleza divina aperfeiçoa os corações, não corrompe; santifica, não mancha.

Bem dizia a santíssima virgem e mártir Inês: Amo a Cristo, cuja Mãe é virgem, cujo Pai não conheceu mulher: quando o amo, sou casta, quando o toco, sou pura, quando o recebo, sou virgem.

Mas se verdadeiramente desejas ver a incriada beleza do teu Senhor, é preciso que cumpras o que o apóstolo acrescenta no mesmo lugar: *Por isso*, diz, *quer ausentes, quer presentes, esforçamo-nos por lhe agradar* (2Cor 5,9).

Se Deus te agrada, também tu deves agradar a Deus. E então, na região dos vivos, quando estivermos presentes, iluminados por seu fulgor, sem dúvida, agradaremos a Deus, conforme canta o profeta: *Agradarei ao Senhor, na região dos vivos* (Sl 114,9). Porém, nesta peregrinação, muito facilmente nos manchamos e poluímos na lama do pecado, como diz o Apóstolo Tiago: *Todos nós pecamos em muitas coisas* (Tg 3,2), e o Profeta Davi, para mostrar quão raros são os imaculados no caminho, disse que isso pertence aos bem-aventurados: *Bem-aventurados os que se conservam sem mácula no caminho* (Sl 118,1).

Portanto, alma, se também na ausência e na peregrinação desejas agradar ao Dileto, não basta querer agradar-lhe, mas é preciso, como diz o apóstolo, esforçar-se por lhe agradar, isto é, evitar com assíduo e grande trabalho as manchas que tornam feia a face da alma; e se algumas aparecerem, com não menor esforço e trabalho, lutar por limpá-las.

Não vês quantas horas gastam as mulherezinhas que desejam agradar a seus maridos em arrumar os cabelos, embelezar o rosto e limpar as manchas de seus vestidos para agradarem aos olhos de um homem mortal, que pouco depois deve converter-se em lama e cinzas? Portanto, o que é preciso que tu faças para agradar aos olhos de um esposo imortal, que sempre te vê e que deseja encontrar-te sem mancha nem ruga?

Por certo, é necessário que lutes com todas as forças para andar *diante dele na santidade e na justiça* (Lc 1,75), que corajosamente removas ou cortes tudo aquilo que impede a verdadeira santidade e a verdadeira justiça e não olhes para a carne e o sangue, nem prestes atenção às palavras e aos juízos dos homens, pois não é possível agradar, ao mesmo tempo, a Deus e ao mundo, como diz o apóstolo: *Se eu agradasse aos homens, não seria servo de Cristo* (Gl 1,10).

Terceiro degrau

Pela consideração do orbe terrestre

Capítulo I

Temos considerado o mundo material como um todo; agora começaremos a considerar as suas partes principais, a fim de que por elas ergamos, como podemos, uma escada para contemplar o Artífice.

Em primeiro lugar, oferece-se a terra, que, embora ocupe o último lugar e pareça ser menor do que os outros elementos, todavia, na realidade, não é inferior à água e supera em dignidade e valor todos os outros elementos (cf. Gn 1). Com efeito, cá e lá nas Santas Escrituras lemos que Deus fez o céu e a terra como as partes principais do mundo, às quais as outras partes devem servir; de fato, fez o céu como o palácio de Deus e dos anjos, a terra como o palácio dos homens: *O mais alto dos céus é para o Senhor*, diz o profeta, *mas a terra deu-a aos filhos dos homens* (Sl 113, 16).

Esta é a razão porque o céu está cheio de refulgentes estrelas e a terra é abundante de imensas riquezas de metais, de pedras preciosas, de ervas, de árvores, de muitas espécies de animais, porque na água abundam somente os peixes e porque o ar e o fogo são elementos pobres e quase vazios.

Porém, omitindo essas coisas, o orbe terrestre tem três coisas muito dignas de consideração, pelas quais, se a mente estiver atenta, sem dificuldade podemos subir a Deus.

Em primeiro lugar, a terra é o fundamento muito firme do mundo inteiro e, se não o tivéssemos, o homem não poderia andar, nem descansar, nem agir, nem de algum modo viver. Diz Davi: *Firmou a redondeza da terra, que não será abalada* (Sl 92,2), e *fundaste a terra sobre as suas bases, ela não se desnivelará pelos séculos dos séculos* (Sl 103,5).

Depois, como boa nutriz dos homens e dos outros animais, a terra produz constantemente ervas, cereais, frutos, legumes, árvores frutíferas e outras coisas de inúmeras espécies. Por isso, assim diz Deus: *Eis que vos dei todas as ervas que dão semente sobre a terra e todas as árvores que encerram em si mesmas a semente do seu gênero, para que vos sirvam de alimento e a todos os animais da terra* (Gn 1,29-30).

Em terceiro lugar, a terra produz pedras e madeiras para edificar as casas, metais de cobre e de ferro para diversos usos, o ouro e a prata, com os quais se cunham as moedas, isto é, instrumentos para facilmente comprar tudo o que é necessário à vida humana.

Portanto, a primeira propriedade desta terra é de ser o lugar em que nossos corpos descansam, já que na água, no ar ou no fogo não consigam descansar; é o símbolo do Criador, o único no qual a alma humana pode encontrar um lugar de descanso. Santo Agostinho diz: *Fizeste-nos, Senhor, para ti, e o nosso coração está inquieto enquanto não descansar em ti* (*Confissões*, Livro 1, cap.1).

O Rei Salomão, mais do que qualquer outro, procurou o descanso no império, nas riquezas, nos prazeres; obteve um reinado muito longo, em perfeita paz, de tal forma que, pelo testemunho da Escritura, *tinha sob seu domínio todos os reinos, desde o rio do país dos filisteus até a fronteira do Egito; ofereciam-lhe presentes e estiveram-lhe sujeitos durante todos os dias de sua vida* (1Rs 4,21).

Além disso, teve riquezas incomparáveis, de maneira que alimentava quarenta mil cavalos para carros e doze mil cavalos de montaria e, conforme lemos no mesmo livro, a frota de Salomão trazia de Ofir ouro e pedras preciosas em tal quantidade que de prata nada se fazia e havia tanta prata em Jerusalém quantas eram as pedras das praças (cf. 1Rs 9,28).

Outrossim, preparou para si tantos prazeres que parece incrível, pois sendo tomado de amor pelas mulheres, teve setecentas esposas que considerava como rainhas e trezentas concubinas, conforme lemos no mesmo livro (cf. 1Rs 11,3-4).

Porém, ouçamos o que ele próprio diz de si: *Executei grandes obras, edifiquei para mim casas e plantei vinhas; fiz jardins e pomares e pus neles árvores de toda a espécie; e construí para minha utilidade depósitos de águas para regar o bosque em que cresciam as árvores; comprei escravos e escravas e tive muita família e gado maior e grandes rebanhos de ovelhas, mais do que todos os que houve antes de mim em Jerusalém. Amontoei para meu uso prata e ouro e as riquezas dos reis e das províncias. Escolhi cantores e cantoras, e tudo o que faz as delícias dos filhos dos homens, taças e jarros para o serviço do vinho; e ultrapassei em riquezas todos os que viveram antes de mim em Jerusalém; perseverou comigo também a sabedoria. Não recusei aos meus olhos coisa alguma de tudo o que eles desejaram, nem proibi ao meu coração que gozasse de todo o prazer e se deleitasse nas coisas que eu lhe tinha preparado; e julguei que seria esta a minha sorte, o desfrutar do meu trabalho* (Ecl 2,4-10).

Isso diz aquele que certamente teve a maior tranquilidade, se é possível tê-la nas coisas criadas. Com efeito, nada lhe faltou: nem reino, nem riquezas, nem delícias, nem aquilo que parece ser o máximo, a sabedoria humana, enfim, nem a paz e a tranquilidade de tantos bens possuídos e conservados durante tão longo tempo.

Perguntemos agora se em tantas coisas encontrou a paz e se elas puderam preencher a capacidade da alma. *Depois*, diz ele, *refletindo sobre todas as coisas que minhas mãos tinham feito, e sobre os trabalhos em que, em vão, eu tinha suado, vi em tudo vaidade e aflição de espírito e que nada havia de estável debaixo do sol* (Ecl 2,11).

Portanto, Salomão não encontrou tranquilidade em tantas riquezas, delícias, sabedoria e honras; nem poderia encontrá-la, nem que fossem muito mais e maiores, porque o espírito humano é imortal e estas coisas são mortais, nem podem permanecer por muito tempo debaixo do sol, também porque jamais será possível que a alma, feita para um bem infinito, se sacie com bens finitos.

Por isso, assim como o corpo humano não pode parar no ar, embora seja extensíssimo, nem nas águas, embora sejam profundíssimas, porque seu centro é a terra, e não o ar ou a água; assim, o espírito humano nunca descansará nas dignidades aéreas ou nas riquezas que são lama, ou nas águas, isto é, nos moles e sórdidos prazeres, nem no falso esplendor da ciência humana, mas unicamente em Deus, que é o centro das almas, o verdadeiro e único lugar de sua tranquilidade.

Oh! com quanta verdade e quanta sabedoria exclamou o pai de Salomão, quando diz: *Que há para mim no céu e, fora de ti, que desejei eu sobre a terra? Deus do meu coração e Deus de minha herança para sempre* (Sl 72,25-26); como se quisesse dizer: Nada encontro no céu, nem na terra, nem em alguma outra coisa criada que esteja sob o céu e sobre a terra, que me possa trazer a verdadeira paz. Somente tu és o Deus do meu coração, isto é, somente tu és a sólida rocha do meu coração. Pois, neste lugar, o termo Deus, em hebraico, significa rocha. Portanto, somente tu és a firmíssima rocha para o meu coração, somente em ti descansarei, só tu és meu quinhão, minha herança, todo o meu bem. As outras coisas nada são e não conseguem satisfazer-me, nem me saciar; e isso, não por um dia, ou alguns dias ou anos, mas por toda a eternidade: só tu me bastas para sempre, todas as outras coisas não bastariam sequer por um dia.

Reconheces agora, minha alma, que só Deus é a tua rocha na qual descansas? As outras coisas são vaidade e aflição de espírito, não são existência, mas aparência, não consolam, mas afligem, porque são adquiridas com trabalho, são possuídas com temor e são perdidas com dor?

Portanto, se fores prudente, despreza todas as coisas que passam para que não te levem consigo, permanece unida e pelo vínculo da caridade une-te àquele que permanece para sempre, eleva a Deus no céu teu coração, para que ele não apodreça na terra. Aprende a verdadeira sabedoria pela estultice de muitos, em nome dos quais fala o sábio e diz: *Logo, nós nos extraviamos do caminho da verdade e a luz da justiça não raiou para nós; cansamo-nos na senda da iniquidade e da perdição, andamos por caminhos ásperos, ignoramos o caminho do Senhor. De que nos aproveitou a soberba? De que nos serviu a vã ostentação das riquezas? Todas aquelas coisas passaram como sombra, e nós, por nossa malícia, fomos consumidos* (Sb 5,6-9.13).

Capítulo II

Mas também por outra razão a rocha firmíssima é o símbolo do Senhor nosso Deus. E a sabedoria de Deus nos explica este símbolo no seu Evangelho, onde falou que a casa edificada sobre a rocha firme permanece imóvel, mesmo que de cima caiam as chuvas, de lado soprem os ventos e na parte interior batam os rios. Porém, a casa edificada sobre a areia, a nada disso pode resistir, mas é derrubada ao primeiro ímpeto da chuva, ou do vento, ou do rio, e grande é a ruína daquela casa (cf. Mt 7,24ss.).

O teu domicílio, ó alma, que consta de vários poderes e virtudes como se fossem quartos e salas, se tiver fundamento em Deus como sobre uma rocha, isto é, se acreditares muito firmemente em Deus, se toda a tua confiança estiver em Deus, se estiveres enraizada e fundada na caridade de Deus, para que possas dizer com o apóstolo: *Quem nos separará do amor de Cristo* (Ef 3,17; Rm 8,35), estejas certa de que nem as maldades espirituais, que estão acima de nós, nem as concupiscências carnais, que estão dentro de nós, nem os nossos inimigos domésticos, que nos combatem ao lado, isto é, os parentes e amigos, jamais prevalecerão contra ti com suas maquinações.

Verdadeiramente, grandes são as forças e grande a esperteza dos poderes espirituais, porém, maior é o poder, maior a sabedoria do Espírito Santo que protege a casa fundamentada em Deus.

Realmente, a carne combate veementemente contra o espírito e as concupiscências carnais costumam vencer até os mais fortes, mas o amor de Deus supera facilmente o amor da carne, e o temor de Deus abate facilmente o temor do mundo.

Finalmente, os inimigos do homem são seus domésticos e também aqueles que, com perversos conselhos, arrastam as almas para a amizade com os pecadores; mas a alma que confia ter no céu um Senhor, um Pai, um irmão e um esposo, sem grande esforço, sabe não só desprezar os amigos e consanguíneos carnais, mas também odiá-los e, com o apóstolo, pode dizer: *Estou certo de que nem a morte nem a vida, nem nenhuma outra criatura nos poderá separar do amor de Deus, que está em Cristo Jesus nosso Senhor* (Rm 8,38-39).

Porém, verdadeiramente miserável é a alma, cuja casa, fundamentada sobre a areia, não pode subsistir por muito tempo, mas, em breve, grande tornar-se-á sua ruína, porque acredita na mentira e confia num bastão de cana e seu Deus é o ventre, ou o dinheiro ou a fumaça da honra, coisas que passam e perecem rapidamente e arrastam a alma que a elas se afeiçoa para a destruição eterna.

Capítulo III

A segunda propriedade da terra consiste em que, como boa nutriz, ela produz em abundância ervas e outros frutos para o alimento dos homens e dos outros animais. Esta propriedade nos conduz logo ao Criador, como verdadeiro nutriente. Com efeito, não é a terra, mas Deus que na terra produz todos os bens, como diz o Espírito Santo pela boca de Davi: *É Ele que produz feno nos montes e erva para serviço dos homens* (Sl 146,8), e de novo: *Todos esperam de ti que lhes dê de comer a seu tempo. Dando-lhe tu, eles o recolhem; abrindo tu a tua mão, todos se encherão de bens* (Sl 103,27-28), e o Senhor no Evangelho: *Olhai para as aves do céu, que não semeiam, nem ceifam, nem fazem provisões em celeiros e, contudo, o vosso Pai Celeste as sustenta* (Mt 6,26). E o apóstolo: *Nunca se deixou a si mesmo sem testemunho, fazendo benefícios do céu, dando chuvas e tempos frutíferos, enchendo de mantimento e alegria os nossos corações* (At 14,17).

Entretanto, não é falso que se diz no início do livro do *Gênesis*: *Produza a terra erva verde que dê semente, e árvores frutíferas que deem fruto segundo a sua espécie* (Gn 1,11), porque verdadeiramente a terra produz as ervas e as árvores frutíferas, mas é pela força que Deus lhes atribuiu; e, por meio delas, o próprio Deus produz estas coisas, conserva-as e lhes dá o crescimento.

Por isso, Davi, quando convida todas as coisas criadas a louvar o Criador, às outras árvores frutíferas acrescenta todos os cedros (cf. Sl 148,9) e os três jovens, em Daniel, com as outras criaturas exortam tudo o que germina sobre a terra a bendizer, louvar e exaltar o Senhor para sempre (cf. Dn 3,76).

E já que, a seu modo, todas as coisas louvam a Deus, com quanto afeto deverias tu, alma, bendizer e louvar a Deus por todos estes benefícios que continuamente usufruis, reconhecendo neles a mão oculta de Deus, que tudo prodigaliza, e mostrando não oculta, mas clarissimamente manifesto o amor paterno e puríssimo do teu Deus, que nunca deixa de abençoar-te do céu e prover-te de todas as coisas. Mas isso é pouco aos olhos do Senhor teu Deus.

É ainda Ele que em ti, como em seu campo espiritual, produz o nobilíssimo gérmen da caridade. A caridade, porém, não é deste mundo, mas de Deus, como diz o discípulo muito amado na sua Epístola (cf. 1Jo 4,7-11). Todavia, da caridade, como de uma árvore divina e celeste, brotam as alvíssimas e perfumadas flores dos pensamentos santos, as folhas verdejantes das palavras úteis à salvação das pessoas e os frutos das boas obras, pelas quais Deus é glorificado, o próximo é ajudado e se reúnem merecimentos que servem para a vida eterna.

Mas ai daqueles que, como jumentos insensatos, desejam saciar-se dos frutos da terra e com muita avidez os recolhem e conservam e não pensam no seu autor nem lhe agradecem. Suas almas são semelhantes à terra que Deus amaldiçoou, que produz espinheiros e abrolhos. Em que pensam aqueles nos quais Deus não semeia castos conselhos, senão em fornicações, adultérios, homicídios, sacrilégios, furtos, traições e outras coisas do gênero? E o que dizem eles senão blasfêmias, perjúrios, maldições, heresias, injúrias, ultrajes, falsos testemunhos, mentiras e outras coisas do gênero, que aprenderam de seu pai, o diabo? E, finalmente, que frutos produzem, senão os venenosos frutos que, como dissemos, são continuamente pensados por eles e que o apóstolo chama de obras da carne? (cf. Gl 6,8).

Estes são verdadeiramente os espinheiros que, primeiramente, pungem os espíritos que os geram, com picadas muito amargas de temores e ansiedades; depois, pungem a honra, os corpos e os espíritos do próximo com uma lesão gravíssima e muitas vezes irreparável, da qual, depois, provêm muitos e gravíssimos males aos outros.

Mas deixando estas coisas, se tu, minha alma, fores o jardim do celeste agricultor, cuida que os espinheiros e os cardos nunca sejam encontrados em ti, mas cultiva com toda a solicitude a árvore da caridade, os lírios da castidade e o perfume da humildade; cuida que nunca te surpreendas a julgar que estes celestes gérmens das virtudes provêm de ti e não do Senhor teu Deus, que é o Senhor das virtudes, o semeador dos castos conselhos, e que não atribuas a ti a conservação, o crescimento e a maturação dos frutos das boas obras, mas só nele confia e seja sempre Ele a tua força.

Capítulo IV

Resta tratar do último elogio da terra, isto é, do ouro, da prata e das pedras preciosas que são contidas no seu seio.

Certamente, não é por força própria que a terra produz tão preciosas espécies de coisas, mas por força daquele que, através de Ageu, diz: *Minha é a prata e meu é o ouro* (Ag 2,9).

Ó amante dos homens, que à tua doçura aprouve também não só produzires para o gênero humano as pedras, as madeiras, o ferro, o cobre, o chumbo e outras coisas do gênero, necessárias à edificação das casas, dos navios e à construção dos diversos instrumentos, mas também o ouro, a prata, as pedras preciosas para o ornamento e a decoração! E se dás estas coisas àqueles que peregrinam na terra, e muitas vezes também aos teus inimigos que blasfemam o teu nome, o que darás aos teus amados, aos que te bendizem e que contigo reinarão no céu?

Certamente, não lhes darás um pedaço de ouro ou de prata, nem poucas pedras preciosas, mas aquela cidade da qual fala o Apóstolo João, no *Apocalipse*, quando diz: *O muro era construído de pedra de jaspe, e a própria cidade era de ouro puro, semelhante a vidro límpido; e os fundamentos do muro da cidade eram ornados de toda a qualidade de pedra preciosa e as doze portas eram doze pérolas* (Ap 21,18-19. 21).

Todavia, não pensemos que aquela soberana Jerusalém celeste seja construída e adornada com ouro, pedras preciosas e pérolas como as que existem aqui, pois sabemos que o Espírito Santo emprega estes termos porque fala a nós, que não temos visto coisas melhores e maiores; mas, sem dúvida alguma, aquela cidade, por ser a pátria dos eleitos de Deus, será tanto mais excelente do que todas as cidades desta peregrinação, quanto uma cidade de ouro, coberta de pedras preciosas superaria todas as vilas dos camponeses, construídas de barro e de palha.

Portanto, minha alma, ergue os olhos da mente para o céu e considera quanto devem ser apreciados os bens que ali estão, já que o aspecto do ouro, da prata, das pedras preciosas que aqui tanto se estimam, comparados com aqueles bens, apenas sejam julgados barro e palha. Acrescenta que o ouro, a prata e as pérolas, que aqui tanto apreciamos, são corruptíveis, mas naquela cidade celeste brilham, são incorruptíveis e eternos.

Mas se, pelas mãos dos pobres, quiseres transferir para a cidade celeste o ouro e a prata corruptíveis que aqui possuis, se fores sábia, simplesmente deverás fazê-lo, para que se tornem incorruptíveis e te pertençam para sempre. Com efeito, não pode mentir a Verdade, que diz: *Vende o que tens, dá-lo aos pobres, e terás um tesouro no céu* (Mt 19,21), e em outro lugar: *Vendei o que possuís e dai de esmola; fazei-vos bolsas que não envelhecem, um tesouro inexaurível no céu, onde não chega o ladrão e a traça não rói* (Lc 12,33).

Ó incredulidade dos filhos dos homens! Um homem mentiroso promete dar juros de dez por cento e talvez também todos os lucros se o credor acreditar nele. Deus, que não pode mentir, ao que dá esmolas promete que há de dar um tesouro no céu e até mesmo cem por um e a vida eterna, e o homem avarento hesita e dificilmente pode ser levado a acreditar; antes prefere esconder o seu tesouro, onde a ferrugem consome e os ladrões cavam e roubam, do que colocá-lo no céu, onde o ladrão não se apropria nem a ferrugem consome. Mas, mesmo que às vezes, os ladrões não roubem, nem a traça ou a ferrugem consumam, aquilo que acumulaste e conservaste com tanto trabalho, ó homem infeliz, de quem será? Certamente, não será teu, embora pudesse sê-lo se, pelas mãos dos pobres, o tivesses transferido para os tesouros celestes.

Todavia, a experiência ensina que aquilo que os ricos avarentos acumularam chega aos herdeiros pródigos, que o gastam em tempo muito mais breve do que aquele necessário aos parentes avarentos para o acumularem e, no entanto, o pecado da avareza permanece e permanecerá eternamente e o verme da consciência não morrerá, nem o fogo do inferno se apagará.

Portanto, minha alma, que a insensatez dos outros te ensine e ouve teu Senhor e Mestre, que diz: *Guardai-vos e acautelai-vos de toda a avareza, porque a vida de cada um, ainda que esteja na abundância, não depende dos bens que possui* (Lc 12,15).

O avarento acumula e conserva para ter do que viver; mas acontece o contrário, pois quando menos pensa, morre, e os bens avaramente reunidos e conservados geram um verme, que não morrerá, mas alimenta o fogo que não se apagará.

Ó avarento infeliz, portanto, não acumulaste dinheiro com tanta solicitude para preparar lenha para o fogo do inferno, que nunca se extinguirá. Ouve São Tiago no fim de sua epístola, que diz: *Eia, pois, ó ricos, chorai, soltai gritos par causa das misérias que virão sobre vós. As vossas riquezas apodreceram e os vossos vestidos foram comidos pela traça. O vosso ouro e a vossa prata enferrujaram-se e sua ferrugem dará testemunho contra vós e devorará as vossas carnes como um fogo* (Tg 5,1-3). Vós, certamente, diz São Tiago, por serdes ricos, sois considerados e ditos bem-aventurados; na verdade, porém, sois miseráveis e mais necessitados do que todos os miseráveis, e tendes grandes motivos de chorar e gritar por causa das enormes misérias que, certamente, virão sobre vós. Com efeito, as vãs riquezas que conservastes e que deixastes apodrecer, quando devíeis dá-las aos pobres e as vossas roupas supérfluas que possuístes e deixastes antes comer pelas traças do que com elas vestir os pobres e o ouro e a prata que preferistes deixar consumir pela ferrugem, antes de dá-los em alimento aos pobres, todas estas coisas, repito, darão testemunho contra vós no dia do juízo; e a traça e a ferrugem das vossas riquezas converter-se-ão em fogo abrasador, que devorará eternamente as vossas carnes e nunca as consumará, para que o fogo não se extinga e a dor jamais acabe.

Portanto, concluamos com o Profeta Real: Os insensatos *disseram ser bem-aventurado o povo que possui estas coisas*, isto é, riquezas exuberantes; mas na verdade, *bem-aventurado é o povo que tem o Senhor por seu Deus* (Sl 143,15).

Quarto degrau

Pela consideração das águas e principalmente das fontes

Capítulo I

A água ocupa o segundo lugar entre os elementos do mundo. E se olharmos corretamente, por ela também poderemos construir um degrau a fim de elevar-nos para Deus. Então, primeiramente consideraremos a água em geral e, depois, tiraremos das fontes um especial meio de elevar-nos a Deus.

A água é molhada e fria e, por isso, tem como que cinco propriedades; pois lava e limpa as manchas, apaga o fogo, refresca e controla o ardor da sede, une entre si muitas e diferentes coisas e, finalmente, quanto mais profundamente descer, tanto mais alto há de subir. Todas essas coisas são símbolos ou sinais claros de Deus, Criador de todas as coisas.

A água lava as manchas do corpo, Deus lava as manchas do espírito. Davi diz: *Lavar-me-ás e me tornarei mais branco do que a neve* (Sl 50,9). Com efeito, embora as manchas do coração, isto é, os pecados, sejam lavadas pela contrição, sejam lavadas pelos sacramentos, pelos sacerdotes, pelas esmolas e por muitas obras de piedade, todavia, todas estas coisas são instrumentos ou disposições, porque o autor desta purificação é unicamente Deus, que por intermédio de Isaías diz: *Sou eu, sou eu mesmo que apago as tuas iniquidades por amor de mim* (Is 43,25).

Por isso, os Fariseus, que, murmurando contra Cristo, diziam: *Quem pode perdoar pecados, senão só Deus?* (Lc 5,21), não se enganavam por atribuir somente a Deus o poder supremo de perdoar pecados, mas por não acreditarem que Cristo fosse Deus; e assim blasfemavam e, ao mesmo tempo, diziam a verdade.

Deus não somente lava as manchas do coração, à semelhança da água, mas também quis ser chamado de água. Com efeito, assim escreve São João: *O que crê em mim, como diz a Escritura, do seu seio correrão rios de água viva. Ora, ele disse isto falando do Espírito que haviam de receber os que cressem nele, porque ainda não tinha sido dado o Espírito, por Jesus não ter ainda sido glorificado* (Jo 7,38-39).

Portanto, o Espírito Santo, que, aliás, é Deus, é água viva, e desta água diz Ezequiel: *Derramarei sobre vós uma água pura, e vós sereis purificados de todas as vossas imundícies* (Ez 36,25). E porque esta água celeste e incriada supera em muito a força da água terrestre e criada, é conveniente notar três diferenças entre a lavação da água criada e da água incriada.

A água criada lava as manchas dos corpos, mas não todas; com efeito, muitas não consegue lavá-las senão com o auxílio do sabão ou de outras substâncias. A água incriada lava absolutamente todas as manchas, como lemos na passagem pouco acima citada: *E vós sereis purificados de todas as vossas imundícies.*

A água criada raramente lava todas as manchas, de modo que não permaneça algum vestígio ou uma quase sombra da mancha. A água incriada lava de tal forma que a coisa lavada se torne mais branca e mais bonita do que era antes de ter sido manchada. *Lavar-me-ás*, diz Davi, *e me tornarei mais branco do que a neve* (Sl 50,9). E, por meio de Isaías, o Senhor diz: *Se os vossos pecados forem como o escarlate, eles se tornarão brancos como a neve; e se forem vermelhos como o carmesim ficarão brancos como a mais branca lã* (Is 1,18).

Finalmente, a água criada lava as manchas naturais, que não resistem a quem as tira; a água incriada lava as manchas voluntárias, que não podem ser lavadas se a própria alma não quiser e, espontaneamente, não consentir em ser lavada. Mas tamanha e tão admirável é a força desta água que, suavemente, penetra até nos corações de pedra; e assim não é rejeitada por nenhum coração endurecido, porque ela mesma faz que não seja recusada, como corretamente observa Santo Agostinho (cf. *A Predestinação dos Santos*, cap. 8).

Quem poderá compreender, Senhor, por qual admirável razão inspiras a fé nos corações dos infiéis, infundes a humildade nos corações dos soberbos e insinuas a caridade nos corações dos teus inimigos, de maneira que quem pouco antes, inspirando ameaças de morte, perseguia a ti nos teus discípulos, mudado de repente, de muito boa vontade, suporta por ti e por tua Igreja as ameaças de morte dos perseguidores? É demais para mim penetrar nestes segredos teus e prefiro antes experimentar do que perscrutar a eficácia de tua graça. E porque aprendi que esta tua água *é uma chuva abundante que reservaste para a tua herança* (Sl 67,10), como cantou o teu profeta, humilde e suplicante peço que eu seja admitido à tua herança e que a tua graça se digne descer para a terra do meu coração, para que não permaneça como a terra sem água, árida e estéril, como é por natureza, a ponto de não conseguir pensar por si mesma algo de bom. Mas passemos às outras coisas.

Capítulo II

A água apaga o fogo, e a água celeste, isto é, a graça do Espírito Santo, com admirável razão e modo extingue o fogo das concupiscências carnais. Realmente, para extinguir esse incêndio são muito úteis os jejuns e as mortificações do corpo, mas se forem usados como instrumentos da graça do Espírito Santo; caso contrário, por si só não valem muito. Com efeito, o amor é o senhor das afeições e das perturbações da alma; a todas ele governa e todas obedecem unicamente a ele.

O amor não quer ser constrangido e se o caminho lhe for obstruído por um lado, ele sai por outro. O amor nada teme, tudo ousa, tudo vence, nada julga que lhe seja difícil ou impossível; por fim, o amor menor não cede a ninguém, senão a um amor maior e mais forte. Assim o amor carnal, quer siga as riquezas, quer os prazeres do mundo, cede unicamente ao amor de Deus. Logo que a água do Espírito Santo começa a ser instilada no coração do homem, imediatamente o amor carnal começa a se resfriar.

Sirva-nos de testemunho Santo Agostinho que, sendo acostumado a satisfazer à sensualidade, julgava ser--lhe impossível poder abster-se da relação com a mulher.

Todavia, quando começou a provar a graça do Espírito Santo, exclamou no início do livro nono das *Confissões*: *Quão de repente tornou-se para mim suave abster-me das doçuras das frivolidades! Antes tinha medo de perdê-las, agora deixá-las era uma alegria; tu, verdadeira e suma suavidade, lançava-as fora de mim e entravas em mim, tu que és mais doce do que todos os prazeres, embora não para a carne e para o sangue; mais clara do que a luz, porém, mais íntima do que qualquer segredo; mais sublime do que toda a honra, mas não mais sublime em si* (*Confissões*, Livro 9, cap. 1).

Capítulo III

Além disso, a água aplaca a sede; e só a água celeste pode pôr fim aos diversos desagradabilíssimos e quase infinitos desejos do coração humano.

Assim, falando à Samaritana, a Verdade claramente ensinou: *Todo aquele que bebe desta água*, disse, *tornará a ter sede; mas o que beber da água que eu lhe der, nunca mais terá sede* (Jo 4,13). Realmente, a coisa é assim: *O olho não se farta de ver, nem o ouvido se cansa de ouvir* (Ecl 1,8); portanto, qualquer coisa que se ofereça ao homem não pode saciar o seu desejo, já que ele tem capacidade para bens infinitos e todas as coisas criadas estão circunscritas dentro de certos limites; mas quem começa a beber da água celeste que contém em si todas as coisas, nada deseja, nada mais procura.

Porém, sobre isso, falamos anteriormente, quando dissemos que a paz da alma está unicamente em Deus, como em seu próprio centro.

Capítulo IV

A água liga e reduz a uma coisa só aquilo que parece impossível de unir. Assim, muitos grãozinhos de farinha misturados com água produzem um pão e de muitas partículas de terra, com o acréscimo da água, fazem-se tijolos.

Mas, muito mais fácil e indissoluvelmente a água do Espírito Santo faz que muitos homens sejam *um só coração e uma só alma* (At 4,32), como se diz nos Atos dos Apóstolos dos primeiros cristãos, sobre os quais, pouco antes, descera o Espírito Santo. O Senhor, porém, prediz esta unidade, que é realizada pela água do Espírito Santo, quando estava para ir ao Pai e diz: *Eu não rogo somente por eles, mas também por aqueles que hão de crer em mim por meio de sua palavra, para que todos sejam um, como tu, Pai, o és em mim e eu em ti, para que também eles sejam um em nós* (Jo 17,20-21). E pouco depois: *Para que sejam um, como também nós somos um. Eu neles e tu em mim, para que sejam consumados na unidade* (Jo 17,22-23). A esta unidade exorta também o apóstolo quando, na Carta aos Efésios, diz: *Solícitos em conservar a unidade do espírito pelo vínculo da paz. Há um só corpo e um só Espírito, como também vós fostes chamados a uma só esperança pela vossa vocação* (Ef 4,3-4).

Ó feliz união, que faz muitos homens serem um só corpo de Cristo, que é governado por uma só cabeça, come de um só pão e bebe de um só cálice, vive de um só espírito e, unindo-se a Deus, torna-se um só espírito com ele (cf. 1Cor 6,17)!

Que mais pode desejar o servo, do que não ser apenas participante de todos os bens de seu senhor, mas também, pelo vínculo de um amor indissolúvel, tornar-se um com o próprio onipotente, seu sapientíssimo e belíssimo Senhor? Realmente, tudo isso faz a graça do Espírito Santo, como água viva e vivificante, quando é devotamente recebida no coração e guardada com toda a diligência e solicitude.

Capítulo V

Finalmente, a água sobe para o alto tanto quanto o alto desce. E porque o Espírito Santo vem do mais alto do céu para a terra, por isso, no homem, em cujo coração é recebido, *torna-se uma fonte de água que salta para a vida eterna* (Jo 4,14), segundo o Senhor disse à Samaritana; ou seja, o homem, renascido pela água e pelo Espírito Santo, e que gera o mesmo Espírito que habita em seu coração, eleva seus méritos até a altura de onde desce a graça.

Portanto, minha alma, instruída e estimulada por estas palavras das Escrituras, com inenarráveis gemidos, dize sempre de novo a teu Pai: Dá-me desta água, que lave todas as manchas, que extinga o calor da concupiscência, que aplaque toda a sede e todos os desejos, que faça de ti um só espírito com teu Deus, que faça em ti a fonte de água que sobe para a vida eterna, a fim de colocares os méritos lá onde esperas permanecer para sempre.

Não foi sem motivo que o Filho de Deus disse: *Se, pois, vós, sendo maus, sabeis dar boas dádivas a vossos filhos, quanto mais o vosso Pai celestial dará espírito bom aos que lho pedirem?* (Lc 11,13). E não disse que dará o pão, a roupa, a sabedoria, a caridade, o Reino dos Céus ou a vida eterna; mas disse que dará um espírito bom, porque nele tudo está contido.

Por isso, não cesses tu de lembrar diariamente ao Pai as promessas de seu Filho e, com imenso afeto e segura esperança de ser atendido, dize: Pai Santo, não fundamento as preces que te dirijo nas minhas justificações, mas na promessa de teu unigênito Filho. Ele nos disse: Quanto mais o vosso Pai dará espírito bom aos que lho pedirem. Certamente, o teu Filho é a Verdade, não nos engana; por isso, cumpre a promessa do teu Filho, que te glorificou sobre a terra (cf. Jo 12,28) e te foi obediente até a morte e morte de cruz (cf. Fl 2,8): dá espírito bom a quem to pede, dá o espírito de temor e do teu amor, para que teu servo nada tema, senão ofender-te e nada ame além de ti e de seu próximo em ti. *Cria em mim, ó Deus, um coração puro e renova nas minhas entranhas um espírito reto. Não me arremesses de tua presença e não tires de mim teu Espírito Santo. Dá-me a alegria de tua salvação com um espírito magnânimo* (Sl 50,12-14).

Capítulo VI

Passo agora a considerar a semelhança que as fontes da água têm com Deus, pois daqui a alma pode elevar-se para contemplar claramente as excelentes maravilhas do Criador. Não sem razão, nas Sagradas Escrituras, Deus é chamado de *fonte da vida* (Sl 35,10), *fonte da sabedoria* (Ecl 1,16) e *fonte de água viva* (Jr 2,13). E que seja fonte do ser, deduz-se das palavras do próprio Deus a Moisés: *Eu sou aquele que sou. Aquele que é enviou-me a vós* (Ex 3,14).

Parece que o apóstolo compreendeu tudo isso ao mesmo tempo, quando diz: *Nele vivemos, nos movemos e existimos* (At 17,28). Com efeito, nele existimos como na fonte do ser; nele vivemos como na fonte da vida; nele nos movemos, como na fonte da sabedoria, porque, como se diz no livro da Sabedoria, *a sabedoria é mais ativa do que todas as coisas ágeis e atinge tudo pela sua pureza* (Sb 7,24).

Cá entre nós, a fonte da água tem a particularidade que dela nascem os rios, e se deixarem de fluir dela, imediatamente, secam. A própria fonte, porém, não depende dos rios, porque não recebe as águas deles, mas as tem em si mesma, comunicando-as a eles.

Este é um verdadeiro símbolo e sinal da Divindade, pois Deus é a verdadeira fonte do ser; de fato, Ele não recebe o ser de coisa alguma, e todas as coisas o recebem dele. Deus não recebe o ser de nenhuma coisa, porque a essência de Deus é ser e sua própria essência é sua existência, de modo que não pode acontecer nem se pode pensar que Deus não tenha sempre existido ou que não exista sempre.

As outras coisas podem ser por um determinado tempo e por um determinado tempo não ser, porque o ser não pertence necessariamente à sua essência. Por exemplo, pertence à essência do homem que seja um animal racional e, assim, o homem não pode ser homem e não ser animal racional; porém, se pertencesse à essência do homem também o ser, não poderia não ter existido sempre; mas porque não é de sua essência o existir sempre, por isso, pode existir e não existir.

Portanto, Deus é a fonte do ser, porque na sua essência está incluído o sempre existir. É o que significam aquelas palavras: *Eu sou aquele que sou* (Ex 3,14), isto é, Eu sou o próprio ser e não recebo o ser de outros, mas tenho-o em mim e só a mim compete que a essência seja o ser.

Daí também decorre que a eternidade e a imortalidade são próprias de Deus, como diz o apóstolo: *Ao Rei dos séculos, imortal e invisível, a Deus só* (1Tm 1,17) e *o único que possui a imortalidade* (1Tm 6,16).

Assim, realmente, todas as outras coisas recebem de Deus o ser, de modo que se não dependerem sempre dele e não forem conservadas por alguma influência sua, imediatamente deixariam de ser. Por isso, o mesmo apóstolo diz: *Sustentando tudo com sua poderosa palavra* (Hb 1,3), porque se as coisas criadas não fossem sustentadas por Deus, logo deixariam de existir.

Portanto, minha alma, levanta os olhos e admira a infinita bondade do Criador que, com tanto amor, sustenta e conserva todas as coisas, embora não necessite de suas obras; nem admires e imites menos a paciência do teu Criador, que é tão *benigno para os ingratos e maus* (Lc 6,35), que sustenta os que blasfemam contra Ele e conserva aqueles que seriam dignos de ser aniquilados e não te pareça pesado quando és mandado suportar as fraquezas dos irmãos e fazer o bem aos que te odeiam.

Mas a excelência da fonte do ser não está somente no fato de não receber o ser de nenhuma outra fonte e comunicar o ser às outras coisas. Com efeito, entre nós, as águas das fontes e as águas dos rios têm a mesma natureza e, embora as águas das fontes não recebam as águas de outras fontes, têm em si a causa de seu ser, isto é, os vapores, e estes, as outras e outras causas, até chegarem à primeira causa, que é Deus.

Porém, Deus, teu Criador, ó alma, não tem a mesma natureza que as coisas criadas, mas nelas há uma infinita desproporção de dignidade, de nobreza e de excelência. Deus é verdadeira e propriamente a fonte do ser, porque não só não recebe seu ser de outra fonte do ser, mas não conhece absolutamente outra causa.

A fonte da água criada, como se disse, não provém de outra água, mas de outra causa. A fonte incriada do ser nada tem antes de si, não depende de nenhuma coisa, de nada necessita e nada pode prejudicá-la; mas tudo depende dela e pode, por sua única vontade, destruir todas as coisas criadas, como diz muito bem o grande Macabeu (cf. 2Mc 8,12ss.).

Admira, alma, esta excelência, este princípio sem princípio, esta causa sem causa, este ser infinito, ilimitado, imenso, absolutamente necessário, pois, em comparação a Ele, as demais coisas são contingentes. Mas sobre isso, talvez, a Verdade disse: *Uma só coisa é necessária* (Lc 10,42), por conseguinte, una-te a este único, só a ele serve, alegra-te somente no seu amor e desejo; em comparação a Ele, despreza todas as outras coisas ou certamente não te preocupes com demasiada solicitude por muitas coisas, quando uma só coisa é necessária e esta, para ti e para todos, é suficiente; porém, para ti, haja uma única solicitude, de nunca cair de sua graça e procurar agradar-lhe sempre e em toda a parte.

Capítulo VII

De fato, corretamente se diz que Deus é também a fonte da vida, porque vive e tem a vida em si mesmo e até Ele próprio é a vida eterna. *Este é o verdadeiro Deus e a vida eterna* (1Jo 5,20), diz São João, e todas as coisas que vivem recebem a vida daquela fonte e se Ele deixar de fornecer-lhes a vida, morrem e voltam ao seu pó, como cantou o santo Profeta Davi (cf. Sl 103,2).

Gerar um ser semelhante a si é próprio dos seres vivo; Deus, porém, gera o Filho muito semelhante, Deus gera Deus, o vivo gera o vivo. *Pois assim como o Pai tem a vida em si mesmo, assim deu ao Filho ter a vida em si mesmo* (Jo 5,26), conforme testemunha São João no Evangelho.

O Pai tem a vida em si mesmo porque é a fonte da vida e não recebe a vida de outra parte, e deu ao Filho ter a vida em si mesmo porque lhe deu a vida que Ele próprio tem. Por isso, também o Filho é fonte de vida, mas fonte de vida de fonte de vida, como é Deus de Deus, luz de luz.

Quem explicará, e mesmo, quem compreenderá qual é a vida de Deus e qual é esta fonte da vida de onde as gotinhas, que vivem na terra ou no céu, haurem todas as coisas?

A vida que nos é conhecida neste exílio, nada mais é senão um princípio interno de movimento, visto que dizemos possuírem vida aquelas coisas que, de algum modo, movem-se a si mesmas. Daí também, por analogia, vulgarmente chamam-se águas vivas as águas dos rios, e mortas as que estão nos lagos, pois vemos que aquelas se movem por si e estas não conseguem mover-se senão quando impelidas pelos ventos ou outra força externa.

Teu Deus, ó alma, vive muito verdadeiramente e é autor e fonte da vida. Ele mesmo repete cá e lá nas

Santas Escrituras: *Eu vivo, diz o Senhor* (Nm 14,28). E os profetas repetem muitas vezes: *Vive o Senhor, vive o Senhor*, e em Jeremias Deus se queixa do povo, dizendo: *Abandonaram a mim que sou fonte de água viva* (Jr 2,13). E, todavia, não se move nem é movido por outro e diz: *Eu sou o Senhor, e não mudo* (Ml 3,6), e em outro lugar: *Deus não é como o filho do homem, sujeito a mudanças* (Nm 23,19). E também no Hino da Igreja cantamos diariamente: *Deus, forte vigor das coisas, permanecendo imóvel em ti mesmo, determinas a sucessão dos tempos da luz divina.*

E se Deus gera o Filho, gera-o sem mudança; e se Ele vê, ouve, fala, ama, tem piedade, julga, faz tudo isso sem mudança; e se cria as coisas e as conserva, ou se, ao contrário, as destrói e aniquila e novamente as renova e muda, Ele, porém, age na tranquilidade e muda sem mover-se. Portanto, como vive se não se move? E como não vive se é fonte e autor da vida? Este problema é resolvido facilmente, pois para que uma coisa viva, basta apenas que aja por si mesma e não seja movida por outra.

Nas coisas criadas, porém, a vida é o princípio interno do movimento, porque as coisas criadas são imperfeitas e necessitam de muitas coisas para cumprir as ações da vida. Deus é a perfeição infinita e de nada precisa fora de si; por isso, age por si mesmo, não é movido por outro e não precisa mover-se ou mudar.

As coisas criadas, porém, precisam de mudança para gerar e serem geradas, porque geram fora de si e as coisas que geram, devem mudar do não ser para o ser; mas Deus gera o Filho dentro de si e dentro de si produz o Espírito Santo. O Filho e o Espírito Santo não mudam do não ser para o ser, porque o ser que recebem sempre existiu e não o recebem no tempo, mas na eternidade. As coisas criadas precisam de um movimento de crescimento, porque nascem imperfeitas. O Deus Filho, porém, nasce perfeitíssimo e o Deus Espírito Santo é inspirado e produzido perfeitíssimo. As coisas criadas necessitam de movimento de alteração para adquirirem as várias qualidades das quais precisam; mas Deus de nada precisa, porque tem a essência da infinita perfeição. As coisas criadas precisam do movimento para o lugar, porque não estão em todo o lugar; mas Deus está todo em todo o lugar.

Além disso, para ver, para ouvir, para falar e para agir, as coisas criadas necessitam de muitas coisas, porque, realmente, têm vida, mas vida imperfeita e cheia de necessidades; Deus, porém, de nada precisa fora de si para tudo ver, tudo ouvir, falar com todos, realizar tudo e em todos, porque, não só tem a vida, mas tem uma vida riquíssima e felicíssima, Ele mesmo é a vida e a fonte da vida.

Então, para pormos um exemplo na ação de ver: para ver, o homem precisa do poder visual, que é distinto da alma, que é quem propriamente vive; precisa de um objeto, isto é, de um corpo colorido, posto fora de si; precisa da luz do sol ou de algum outro corpo luminoso; precisa de um meio, isto é, de um ambiente transparente e precisa de uma imagem sensível, que seja levada do objeto para os olhos; precisa do órgão corporal, isto é, do olho, composto de vários humores e tecidos de carne; precisa de faculdades sensitivas e de nervos óticos, pelos quais passa aquela faculdade; precisa de uma distância proporcional e precisa da aplicação do poder. Eis de quantos auxílios precisam os homens e os outros animais para que possam cumprir uma única ação da vida. Mas Deus, que realmente possui toda a vida em si mesmo, de nada precisa. Sua própria essência infinita é para Ele poder, objeto, forma, luz e tudo o mais. De si, por si e em si, Deus vê todas as coisas que existem, que existiram e que existirão e conhece claramente as que poderiam existir. E antes que o mundo fosse feito, Deus via todas as coisas e, com a criação das coisas, nada de novo apareceu na sua ciência e visão.

Portanto, alma, o que serás quando fores participante daquela vida? O que Deus te ordena de excessivo, quando te manda expor por teus irmãos e por Ele próprio esta vida corporal e animal, realmente imperfeita e cheia de necessidades, a fim de participares da riquíssima e felicíssima vida eterna?

E se nada manda de excessivo quando ordena desprezar a vida, quanto não deve parecer leve e pequeno quando ordena distribuir liberalmente aos pobres as riquezas mortas, abster-se das concupiscências carnais, renunciar verdadeiramente ao demônio e suas pompas e suspirar com todo o afeto do coração por aquela vida que é a única vida verdadeira?

Capítulo VIII

Mas já é tempo de elevar-nos, da maneira que pudermos, para a fonte da Sabedoria. *A fonte da sabedoria é o Verbo de Deus nos céus* (Eclo 1,5), diz o Eclesiástico e diz bem, *nos céus*, porque a fonte da Sabedoria jorra abundante e copiosamente nos santos anjos e nas almas dos Bem-aventurados que moram nos céus. A nós, porém, que andamos no deserto e na peregrinação, não cabe tanto a sabedoria, quando algum vapor ou odor de sabedoria.

Portanto, minha alma, não queiras agora procurar coisas mais elevadas do que as que te convêm. Não queiras sondar a majestade, para que sua glória não te oprima (cf. Pv 25,27), mas admira a sabedoria daquele de quem o apóstolo diz: *A Deus que é só o sábio* (Rm 16,27), alegra-te com aqueles espíritos bem-aventurados que bebem da fonte da sabedoria: e embora não compreendam a Deus, que isso é próprio da fonte da sabedoria, veem a face de Deus, isto é, da primeira causa, sem véu algum e iluminados pela luz que irradia, julgam tudo muito corretamente e estando na claríssima luz da sabedoria, jamais temem as trevas dos erros, nem a obscuridade da ignorância ou a cegueira das opiniões.

Aspira por aquela felicidade e para chegar a ela com segurança, ama de todo o coração o Senhor Jesus Cristo, *no qual estão todos os tesouros da ciência e da sabedoria de Deus* (Cl 2,3). Com efeito, ele próprio disse no seu Evangelho: *Aquele que me ama será amado por meu Pai e eu o amarei e me manifestarei a ele* (Jo 14,21). E o que significa: *E me manifestarei a ele*, senão que manifestarei todos os tesouros da ciência e da sabedoria de Deus, que estão escondidos em mim?

Por certo, todo o homem tem o natural desejo de saber, e embora, em muitos, as concupiscências carnais agora, de algum modo, adormeçam tal desejo, todavia, quando deixarmos o corpo, que se corrompe e que agora prejudica alma, o fogo deste desejo abrasar-se-á mais do que todos esses desejos.

Portanto, ó alma, quanta será a tua felicidade quando Cristo, teu amado e amante, te mostrar todos os tesouros da ciência e da sabedoria de Deus! Mas para não te frustrares de tamanha esperança, esforça-te por guardar os preceitos de Cristo, pois ele memo disse: *Se alguém me ama, guardará a minha palavra* (Jo 14,23) e: *O que não me ama, não observa as minhas palavras* (Jo 14,24). E assim, a tua sabedoria seja aquela descrita pelo santo Jó, quando diz: *O temor do Senhor é a sabedoria e apartar-se do mal é a inteligência* (Jó 28,28).

E o que vires de bom nas criaturas, sabe que aquilo provém de Deus, fonte de toda a bondade, a fim de que assim, com o bem-aventurado Francisco, em cada criatura aprendas a apreciar, como nos riachos, a bondade fontal. Sobre isso, lê São Boaventura na *Vida de São Francisco* no capítulo nono (cf. *Legenda Maior*, capítulo 9).

Quinto degrau

Pela consideração do ar

Capítulo I

O elemento do ar pode ser um excelente mestre de moral para os homens, se for considerada a sua natureza. E não só para ensinar a Filosofia moral, mas também para abrir os mistérios da sagrada Teologia, e será considerado muito apto para elevar as almas para Deus, se alguém quiser prestar atenção às várias vantagens que, por disposição divina, o ar não deixa de prestar ao gênero humano.

Em primeiro lugar, ao servir para respirar, o ar conserva a vida dos seres vivos da terra e do próprio homem. Depois, até agora, é tão necessário ao uso dos olhos, dos ouvidos e da língua que se, por acaso, fosse tirado, mesmo que estejam presentes as outras coisas, imediatamente todos nos tornaríamos cegos, surdos e mudos. Finalmente, tanta é a necessidade do ar para o movimento dos homens e dos demais seres vivos que, se for tirado, ficaria impedido todo o movimento, e seria preciso cessar quase todas as atividades e todas as obras dos homens. Iniciemos pelo primeiro ponto.

Se os homens compreendessem que as almas não precisam menos de sua respiração do que de seu corpo, muitos que agora se perdem, salvar-se-iam. O corpo precisa continuamente da respiração, porque o calor natural, pelo qual o coração se aquece por meio do trabalho dos pulmões que aspiram o ar frio e o expelem quente, regula-se de tal modo que conserva a vida e sem essa respiração não pode ser conservada. Por causa disso, aceita-se que viver e respirar seja a mesma coisa, pois quem respira, vive e quem deixa de respirar, também deixa de viver.

E tu, alma, para viveres pela vida espiritual, que é a graça de Deus, necessitas continuamente da respiração, o que acontece dirigindo a Deus quentes suspiros pela oração e recebendo de Deus nova graça do Espírito Santo. E que outra coisa significam as palavras do teu Senhor: *Importa orar sempre e não cessar de o fazer* (Lc 18,1), senão que é preciso respirar sempre e receber um novo espírito, para que não se extinga em ti a vida espiritual? E repete a mesma coisa quando diz: *Vigiai, pois, orando sem cessar* (Lc 21,36). E o apóstolo confirma a mesma coisa na Primeira Carta aos Tessalonicenses, dizendo: *Orai sem cessar* (1Ts 5,17). Com o qual concorda o Apóstolo Pedro, na sua Primeira Epístola, quando escreve: *Portanto, sede prudentes e vigiai nas orações* (1Pd 4,7). Por isso, sabendo que a todo o tempo necessitamos do auxílio de Deus, a verdadeira prudência consiste em pedi-lo a todo o tempo.

Realmente, nosso Pai sabe quais são as coisas de que necessitamos e, liberalmente, está disposto a no-las conceder, sobretudo, aquelas que se referem à salvação eterna; mas quer dá-las mediante a oração, pois isso é muito mais honroso para Ele e para nós mais útil do que se tudo nos desse enquanto dormimos ou nada fazemos.

Por isso, o liberalíssimo Senhor, exorta-nos e nos estimula a pedir, quando diz: *Eu vos digo: pedi e dar-se-vos-á; buscai e encontrareis; batei e vos será aberto. Porque todo aquele que pede, recebe; o que busca, encontra; e ao que bate, se lhe abrirá* (Lc 11,9-10).

E o que se deve pedir principalmente e que, sem dúvida, nos será dado, declara-o pouco depois, dizendo: *Pois se vós, sendo maus sabeis dar boas dádivas a vossos filhos, quanto mais o vosso Pai celestial dará espírito bom aos que lho pedirem* (Lc 11,13).

Por isso, o que em primeiro lugar e assiduamente deve ser pedido e que, sem dúvida, ser-nos-á dado, se for pedido bem, é um espírito bom, pelo qual respiremos em Deus e respirando conservemos a vida espiritual, o que fazia o santo Davi, que no Salmo disse: *Abri a minha boca e atraí o espírito* (Sl 118,131), isto é, abri minha boca desejando, suspirando, pedindo com gemidos inenarráveis e atraí o suavíssimo sopro do Espírito de Deus, que acalmou o ardor da concupiscência e confirmou que eu agiria em todo o bem.

Sendo assim, quem diria que vivem segundo Deus aqueles que por dias inteiros, ou também meses e anos, não suspiram por Deus, nem respiram em Deus? Ora, se não respirar é sinal evidente de morte e se respirar é orar, não orar, será sinal de morte.

A vida espiritual, por meio da qual somos filhos de Deus, consiste na caridade. São João, na sua Epístola, diz: *Considerai que amor nos mostrou o Pai para que sejamos chamados filhos de Deus e, de fato, o somos* (1Jo 3,1). Aliás, quem ama e não deseja ver aquele que ama? Quem deseja e não pede aquilo que deseja a quem sabe que, se o pedir, certamente lho dará? Portanto, quem não ora assiduamente para ver a face de seu Deus, não deseja vê-lo; quem não deseja, não ama e quem não ama, não vive. Então, o que decorre disso senão que consideremos serem mortos para Deus, embora vivam para o mundo, aqueles que não se aplicam seriamente à oração?

Tampouco, não se deve dizer que ora e, por isso, respira e vive, aquele que faz preces somente com a voz do corpo. Pois a oração não é definida pelos sábios como uma elevação da voz no ar, mas uma elevação da mente para Deus.

Portanto, minha alma, não te enganes, julgando que vives em Deus, se seriamente e de todo o coração não buscas a Deus e se dia e noite não suspiras por Ele. Não digas que, por causa das outras ocupações, não podes dedicar-te aos colóquios divinos e à oração. Na verdade, os santos apóstolos estavam ocupadíssimos, e isso no serviço de Deus e na salvação das almas, tanto que um deles chegou a dizer: *Além destas coisas, que são exteriores, tenho também a minha preocupação cotidiana, que é o cuidado de todas as igrejas. Quem está enfermo, que eu não esteja enfermo? Quem é escandalizado, que eu não me abrase?* (2Cor 11,28-29) e, todavia, este mesmo, além da frequentíssima recordação das suas orações, escreve aos Filipenses: *Nós, porém, somos cidadãos dos céus* (Fl 3,20), certamente também porque no meio de suas ocupações, voltava-se pelo desejo para o céu e jamais se esquecia do seu Dileto. Caso contrário, não teria dito: *Estou pregado com Cristo na cruz, e vivo, mas já não sou eu que vivo, é Cristo que vive em mim* (Gl 2,19-20).

Capítulo II

Outra propriedade do ar é a de ser meio pelo qual chegam aos nossos olhos as diferenças das cores e aos ouvidos, a variedade dos sons, sem os quais não poderíamos ver, nem ouvir, nem mesmo falar.

Nisso, em primeiro lugar, devemos agradecer a Deus, que quis ornar a nossa natureza com tão insigne benefício. Depois, convém admirar a sabedoria do nosso Criador numa obra tão sutil e delicada que, sendo o ar um verdadeiro corpo e ser tanto que enche um espaço quase imenso, todavia, por causa de sua incrível sutileza, não se vê, nem se sente.

A Antiguidade admirara a sutilidade de uma linha que Apeles traçara com o pincel; aquela linha, porém, era vista e tocada e, por isso, de modo algum, pode ser comparada com a sutileza deste sutilíssimo véu, que a todos envolve e toca sem ser visto por ninguém por causa de sua notável sutileza.

Mas a admiração cresce porque, sendo o ar um corpo muito sutil e tênue, quando é dividido, com extrema facilidade torna a unir-se e continuar como se nunca tivesse sido dividido. Certamente, tendo rompido uma teia de aranha, ou rasgado um sutilíssimo véu, nenhum artífice pode remendá-lo de tal modo que o corte anterior não apareça.

Acrescenta algo que é muito digno de toda a admiração, e que é exclusivo da sabedoria de Deus, que pela mesma parte do ar, misturadas e ao mesmo tempo, passam inúmeras espécies de cores.

Quem numa noite de luar, num lugar aberto e elevado, contemplar as estrelas no céu, os campos cheios de flores na terra e simultaneamente as casas, as árvores, os seres vivos e muitas outras coisas, não poderá negar que as formas de todas essas coisas estão contidas naquele ar que lhes está próximo, sem misturar-se com ele.

Mas quem pode compreender isso? Quem consegue captar? Com efeito, como pode ser que uma coisa tão tênue contenha ao mesmo tempo tamanha variedade de formas? E se, no mesmo tempo e lugar, se fizerem ouvir o canto das aves de um lado, de outro lado vários instrumentos musicais e de outro ainda, o murmúrio das águas que caem, o que pode dizer essa pessoa senão que são simultânea e necessariamente recebidos no mesmo ar tantos tipos de cores, como todos os sons ou todas estas variedades de sons?

Quem faz estas coisas, minha alma, senão teu Criador, que fez sozinho grandes maravilhas? E se coisas tão maravilhosas são obra sua, quanto mais admirável será Ele próprio?

Mas existe outra utilidade dessa admirável sutileza no ar, que não impede, mas ajuda o movimento de todas as coisas, que se movimentam de um lugar para outro. Todos sabemos quanto trabalho é exigido para movimentar as embarcações sobre as águas, embora elas sejam líquidas e sejam cortadas facilmente. Com efeito, por vezes, nem os ventos nem os remos são suficientes, mas, com frequência, é preciso acrescentar as forças de inúmeros cavalos e bois. E se, por acaso, deve ser aberta uma estrada através de montes ou colinas, com quantos suores, com quanto tempo é aberta a estrada, embora curtíssima?

Pelo ar, porém, sem nenhum esforço, com suma facilidade e com a máxima rapidez, correm os cavalos, voam as aves, atiram-se flechas e dardos. Mas, para executar suas várias atividades, os homens sobem, descem, andam, correm, movimentam os pés, os braços e as mãos, para cima e para baixo, à direita e à esquerda e o ar, espalhado em toda a parte, não os impede mais do que se não fosse corporal, mas espiritual, natural, ou simplesmente nada.

Capítulo III

Por fim, acontece que, por sua natureza, o ar cede de tal maneira a todos, que se muda em todas as formas, deixa-se cortar e romper para servir à utilidade dos homens, de modo que parece ter sido dado aos homens como mestre de humildade, de paciência e de caridade.

Mas o que em ti, minha alma, deveria despertar e, com veemência, acender o amor do teu Criador, é que este mesmo ar representa a incrível suavidade e a máxima benignidade do teu Criador pelos homens.

Raciocina, peço-te, alma, e considera com a maior atenção que o teu Senhor está sempre presente a todas as suas criaturas, que age sempre com relação a todas elas; e, o que é de infinita suavidade, adapta sua cooperação à natureza de cada uma, como se, com o apóstolo, dissesse: *Fiz-me tudo para todos* (1Cor 9,22), para salvar e completar a todos. Ele coopera com as causas necessárias, para que produzam o necessário, com as contingentes, para que produzam voluntariamente, com as livres, para agirem livremente. Desse modo, move e ajuda o fogo a subir para o alto, a terra a ser atraída para baixo, a água a correr por lugares em declive, o ar a ir para onde for impelido, as estrelas a se moverem perpetuamente em círculo, as ervas, as árvores e as plantas a produzirem o fruto segundo sua espécie, os animais terrestres, aquáticos e voláteis a fazerem aquilo que sua natureza exige.

E se a suavidade de Deus é tão grande na cooperação com suas criaturas nas obras da natureza, o que devemos pensar das obras da graça? Realmente, Deus deu ao homem o livre-arbítrio, de forma, porém, que o governa com seu poder, amedronta com a morte e o alenta com seu benefício. Deus quer que todos os homens se salvem (cf. 1Tm 2,4), mas quer que isso aconteça conforme eles querem e, por isso, previne-os, estimula-os, guia-os e condu-los com tanta suavidade que é simplesmente admirável.

Estas são as obras da sabedoria de Deus, das quais diz Isaías: *Publicai entre os povos as suas obras* (Is 12,4). E, na verdade, ora com veemência amedronta os homens ímpios, ora exorta-os amavelmente, ora admoesta-os com clemência, ora misericordiosamente repreende-os, conforme julga ser necessário à índole e aos costumes deles.

Ouve com quanta mansidão o Senhor agiu com o primeiro pecador: *Adão*, disse, *onde estás?* (Gn 3,9); e quando lhe respondeu: *Ouvi tua voz no paraíso, e tive medo, porque estava nu e me escondi* (Gn 3,10), com a mesma mansidão o Senhor acrescentou: *Mas quem te fez conhecer que estavas nu, senão o ter comido da árvore de que eu te havia ordenado que não comesses?* (Gn 3,11). Tocado por esta piedosa repreensão, Adão, sem dúvida, caiu em si, segundo diz a Escritura: *Foi ela* (a sabedoria de Deus) *que guardou o primeiro homem formado por Deus, para ser pai do gênero humano, tendo sido criado só, e o tirou do seu pecado* (Sb 10,1-2).

Ouve, novamente, com quanta mansidão e suavidade repreendeu por seu anjo e provocou à penitência todos os filhos de Israel: *Ora, o anjo do Senhor subiu de Gálgala ao Lugar dos Chorosos, e disse: Eu vos tirei do Egito e vos introduzi na terra que eu tinha jurado a vossos pais e prometi-vos não mais romper o pacto convosco; com a condição, porém, de que não faríeis aliança com os habitantes desta terra, mas que destruiríeis os seus altares; e vós não quisestes ouvir a minha voz; por que fizestes isto? Por esta razão eu não quis extingui-los da vossa presença, para que os tenhais por inimigos e os seus deuses sejam a vossa ruína. Ao dizer o anjo do Senhor estas palavras a todos os filhos de Israel, levantaram estes a sua voz e choraram. Pelo que, aquele lugar foi chamado o Lugar dos chorosos ou das lágrimas; e imolaram ali hóstias ao Senhor* (Jz 2,1-5).

Que aquele choro foi grande, universal e sinal de verdadeira penitência, é testemunhado pelo novo nome que foi imposto àquele lugar, para eterna memória da posteridade, isto é, que aquele lugar foi chamado de Lugar dos chorosos, ou das lágrimas.

Que direi, pois, dos profetas? Estes, certamente, em todos os seus discursos ensinam e clamam que Deus não quer a morte dos pecadores, mas que se convertam e vivam. Por meio de Jeremias, o Senhor diz: *Vulgarmente diz-se: Se um esposo repudiar a sua esposa e, separando-se ela dele, tomar outro marido, porventura tornará o seu marido a recebê-la? Porventura não será considerada aquela mulher, por ele como contaminada e impura? Tu, porém, tens-te prostituído a muitos amantes; apesar disso, volta para mim, diz o Senhor, e eu te receberei* (Jr 3,1). E por Ezequiel: *Assim falastes vós, dizendo: As nossas iniquidades e os nossos pecados estão sobre nós e por causa deles vamos nos consumindo; como poderemos nós, pois viver? Dize-lhes: Juro, diz o Senhor Deus, que não quero a morte do ímpio, mas sim que se converta do seu mau proceder e viva. Convertei-vos, convertei-vos, deixando os vossos péssimos caminhos; e por que haveis de morrer, ó vós da casa de Israel?* (Ez 33,10-11).

Mas deixando os ímpios, de modo algum pode ser explicado quanta é a benignidade e a suavidade mais do que paterna e materna de Deus nosso Senhor para aqueles que o temem e esperam nele. Nos *Salmos*, Davi diz: *Quanto a elevação do céu está remontada sobre a terra, tanto ele firmou a sua misericórdia sobre os que o temem* (Sl 102,11) e pouco abaixo: *Como um pai se compadece dos seus filhos, assim se compadeceu o Senhor dos que o temem* (Sl 102,13) e depois: *A misericórdia do Senhor estende-se desde a eternidade, e até a eternidade sobre os que o temem* (Sl 102,17). E em outro lugar: *Provai e vede quão suave é o Senhor; ditoso o homem que espera nele* (Sl 33,9), e de novo: *Quanto Deus é bom para Israel, para os que são retos de coração* (Sl 72,1), isto é, quem poderá expressar quanta é a bondade, a suavidade e a doçura do Senhor para com as almas piedosas e justas? Também por Isaías o Senhor diz: *Porventura pode uma mulher esquecer-se do seu menino de peito, de sorte que não tenha compaixão do filho das suas entranhas? Porém, ainda que ela se esquecesse dele, eu não me esquecerei de ti* (Is 49,15). E Jeremias nas *Lamentações*: *A minha herança é o Senhor, disse a minha alma; portanto, eu esperarei nele. O Senhor é bom para os que nele esperam, para a alma que o busca. É bom esperar em silêncio a salvação de Deus* (Lm 3,24-26).

Porém, se quisesse acrescentar o que pregam os apóstolos nas suas *Epístolas* sobre os paternos sentimentos do

Senhor nosso Deus para com os homens piedosos, nunca se chegaria a um fim. Para o lugar de todos, citarei o que escreveu o Apóstolo Paulo no início da *Segunda Epístola aos Coríntios*: *Bendito seja Deus e Pai de nosso Senhor Jesus Cristo, Pai das misericórdias e Deus de toda a consolação, o qual nos consola em toda a nossa tribulação, para que também nós possamos consolar os que estão em qualquer angústia* (2Cor 1,3-4). Ele não diz que Deus é consolador, mas que está cheio de toda a consolação; também não diz que nos consola em alguma tribulação, mas em toda; nem que podemos consolar aqueles que estão em alguma tribulação, mas os que estão em toda tribulação. Por isso, não pôde enaltecer mais quanto Deus é suave e doce para aqueles que Ele ama e pelos quais é amado.

Enfim, é útil à finalidade apresentar as palavras de São Próspero, nas quais expõe a benignidade de Deus não só para com os bons, mas também para com os maus, a fim de torná-los bons. *A graça*, diz, *sobrepuja principalmente a todas as justificações, persuadindo com exortações, admoestando com exemplos, amedrontando com perigos, estimulando com milagres, dando a inteligência, inspirando o conselho e iluminando o próprio coração, enchendo com as afeições da fé. Mas também a vontade humana se submete a ela e se une, pois, para isso é estimulada pelos mencionados meios, para cooperar na obra em si divina e começa a realizar com mérito aquilo que concebeu por suprema semente, atribuindo as faltas à sua mutabilidade e ao auxílio da graça se houver progresso. Esse auxílio da graça é dado a todos de muitos modos, quer ocultos, quer manifestos; e se muitos o recusam, é por maldade deles; mas se muitos o recebem, é pela graça divina e pela vontade humana* (São Próspero, *A vocação dos povos*, livro 2, cap. 26).

Capítulo IV

Coragem, pois, minha alma, se teu Criador é tão suave e manso para com seus servos, se tolera os pecadores com tão incrível benignidade, para que converta e console os justos, a fim de que progridam na justiça e na santidade. E não deverias também tu tolerar benignamente os teus próximos e fazer tudo a todos para ganhá-los para Deus, teu Senhor?

Reflete contido mesmo a que sublime perfeição te exorta o apóstolo quando diz: *Sede, pois, imitadores de Deus, como filhos muito amados, e andai no amor, como também Cristo nos amou e se entregou a si mesmo por nós a Deus, como oferenda e hóstia de suave odor* (Ef 5,1-2).

Imita a Deus Pai, *que faz nascer seu sol sobre bons e maus e manda a chuva sobre justos e injustos* (Mt 5,45). Imita o Deus Filho, que, tendo assumido por nós a natureza humana, não poupou a própria vida para nos arrancar do poder das trevas e da morte eterna. Imita o Deus Espírito Santo, que derrama com abundância seus preciosíssimos dons, para transformar-nos de carnais em espirituais.

Sexto degrau

Pela consideração do fogo

Capítulo I

O fogo é um elemento tão puro e nobre, que o próprio Deus quis chamar-se fogo, segundo diz Moisés e Paulo: *O nosso Deus é um fogo devorador* (Dt 4,24; Hb 12,29).

E quando apareceu a Moisés pela primeira vez, Deus quis ser visto numa sarça que ardia e não se consumia: *O Senhor apareceu*, diz Moisés, *numa chama de fogo do meio de uma sarça; e* (Moisés) *via que a sarça ardia sem se consumir* (Ex 3,2). E quando o mesmo Deus veio para dar a Lei ao povo, veio em forma de fogo, como conta o mesmo Moisés: *Todo o monte Sinai fumegava, porque o Senhor tinha descido sobre ele no meio do fogo* (Ex 19,18). À semelhança destes mistérios, quando devia ser promulgada a nova Lei, o Espírito Santo apareceu aos apóstolos em línguas de fogo (cf. At 2,3).

Finalmente, aqueles que no céu estão mais próximos de Deus, são chamados serafins, ou seja, abrasados, porque, mais do que os outros anjos, concebem o fervor e o ardor daquele divino e ardentíssimo fogo.

Sendo assim, não é difícil construir para nós, pelo elemento do fogo, ou por sua natureza e propriedades, um degrau pelo qual, meditando e orando, nos elevemos a Deus. E, certamente, será menos difícil subir com Elias no carro de fogo do que construir um degrau com a terra, a água ou o ar.

Passemos, então, a considerar as propriedades do fogo.

Faz parte da natureza do fogo que, nas diversas coisas, ele aja de modo diferente e, muitas vezes, contrário. As madeiras, o feno e a palha são imediatamente consumidos; o ouro, a prata e as pedras preciosas, torna-os mais puros e mais belos; o ferro, que por sua natureza é escuro, frio, duro e pesado, é de tal modo transformado pelo fogo em qualidades contrárias, que imediatamente se torna reluzente, quente, mole e leve e que até resplandece como uma estrela, queima como o fogo, liquefaz-se como a água e é tornado leve pelo ferreiro, que, facilmente, pode movê-lo e dar-lhe a forma que quiser.

Todas essas propriedades encontram-se claramente em Deus. Em primeiro lugar, as madeiras, o feno e a palha, segundo o apóstolo na *Primeira Carta aos Coríntios*, representam as obras más, que não podem resistir ao fogo do juízo divino (cf. 1Cor 3,12-13); e é realmente incrível com que veemência todos os pecados desagradam a Deus, que é fogo puríssimo, e com quanto zelo Ele os consome e destrói, se podem ser destruídos pela penitência, isto é, se aquele que pecou está em tal estado que possa fazer penitência, pois pela penitência todos os pecados são absolvidos.

Porém, se o pecador não estiver em condições de fazer penitência, como estão os demônios e os homens depois desta vida, a ira divina cai sobre os próprios ímpios, pois, diz o Sábio: *Deus aborrece igualmente o ímpio e sua impiedade* (Sb 14,9).

Quanto este ódio é grande e veemente, é testemunhado pelo diabo, que pecou uma vez e embora fosse um anjo muito nobre ou (como testemunha São Gregório) príncipe da primeira ordem dos anjos e a mais importante das criaturas de Deus (cf. São Gregório, *Livro das coisas morais*, Livro 32, cap. 24), foi imediatamente lançado fora do céu, despojado de toda a beleza e graça sobrenatural, transformado num monstro horripilante e condenado às penas eternas.

Testemunha é Cristo, que desceu do céu para destruir as obras do diabo, isto é, os pecados e, por isso, é chamado Cordeiro de Deus que tira os pecados do mundo (cf. Jo 1,29). Porém, quem pode explicar ou quem é capaz de pensar, quanto Cristo padeceu para destruir as obras do diabo e satisfazer perfeitamente a justiça de Deus? *Existindo na forma de Deus... aniquilou-se a si mesmo tomando a forma de servo* (Fl 2,6-7), *sendo rico, fez-se pobre por amor de nós* (2Cor 8,9), tendo ele próprio criado o céu e a terra, não teve onde reclinar a cabeça (cf. Lc 9,58), *veio para o que era seu e os seus não o receberam* (Jo 1,11), *quando o amaldiçoavam, não amaldiçoava; sofrendo não ameaçava, mas entregava-se àquele que o julgava injustamente; foi ele mesmo que levou os nossos pecados em seu corpo sobre o madeiro* (1Pd 2,23-24). *Humilhou-se a si mesmo, sendo obediente até a morte e morte de cruz* (Fl 2,8) *e por suas chagas fomos curados* (1Pd 2,24). Finalmente, escarnecido, cuspido, flagelado, coroado de espinhos, crucificado na maior desonra, com dores intensíssimas, derramou todo o sangue e deu a vida. E suportou tudo isso para destruir as obras do diabo e apagar os nossos pecados.

Testemunha é a lei de Deus, que proíbe e pune todo o pecado e não deixa impune nem sequer uma palavra ociosa (cf. Mt 12,36). E quanto odeia os escândalos e os crimes aquele que não pode suportar uma palavra ociosa? A imaculada Lei do Senhor e o claro preceito do Senhor (cf. Sl 18,8) afastam-se das manchas e das trevas, e não pode haver relação entre a luz e as trevas, nem entre a justiça e a iniquidade (cf. 2Cor 6,11ss.).

Enfim, testemunha é o próprio inferno, que Deus preparou para os ímpios e pecadores, que, tendo a possibilidade de serem lavados pelo sangue do Cordeiro imaculado, não quiseram ou negligenciaram fazê-lo; por isso, é justo que para aqueles que o pecado for eterno, seja eterno também o suplício. Todavia, é horrível pensar qual e quão grande seja a pena do inferno; coisa da qual falaremos mais no último degrau.

Portanto, minha alma, sendo tão grande o ódio que Deus tem pelo pecado, se amas a Deus sobre todas as coisas, deves também odiar o pecado sobre todas as coisas. Cuida que não te seduzam aqueles que atenuam ou desculpam os pecados; vê que não enganem a ti mesma com falsas razões. Se o teu pecado e os pecados dos outros não te desagradarem, não amas a Deus, e se não amas a Deus, estás perdida.

E mais, se não fores ingrata a Cristo, quanto pensas que deves ao seu amor? Aos seus sofrimentos? Ao seu sangue e morte? A Ele que te lavou do pecado e te reconciliou com o Pai? E, doravante, ser-te-á penoso sofrer alguma coisa por Cristo, ou na sua graça e com sua graça resistir ao pecado mesmo com sangue? Enfim, se não puderes suportar pacientemente o inferno do fogo eterno, por certo, não deves absolutamente suportar com paciência o pecado, mas fugir dele, de sua ocasião e suspeita, mesmo levíssima, como da face da serpente (cf. Eclo 21,2ss.).

Portanto, junto a ti esteja firme e decidido unir o máximo ódio ao pecado ao máximo amor a Deus.

Capítulo II

Ora, o mesmo fogo não destrói, mas purifica e dá maior brilho ao ouro, à prata e às pedras preciosas, porque (como explica o mesmo apóstolo) esses metais significam as obras boas e perfeitas que são aprovadas pelo fogo do juízo divino e recebem uma grande recompensa (cf. 1Cor 3,12).

Deus aprova essas obras porque são dons seus e *quando recompensa nossos méritos*, diz Santo Agostinho, *recompensa seus dons* (*Sermão sobre o Salmo 70*). Realmente, essas obras são praticadas porque Ele próprio as ordenou, Ele mesmo auxiliou, Ele mesmo deu a força de realizá-las e Ele mesmo as dirigiu pela Lei que deu e pelos preceitos que estabeleceu.

E por isso, o ouro representa as obras de caridade; e como as obras de caridade não poderiam agradar muito a Deus, se o próprio Deus é caridade? (cf. 1Jo 4,7ss.). A prata simboliza as obras de sabedoria daqueles que *tiverem ensinado a muitos o caminho da justiça* (Dn 12,3), e estas também são muito aprovadas por Deus e lhe agradam, como diz a Sabedoria de Deus: *Quem os guardar e ensinar, este será chamado grande no Reino dos Céus* (Mt 5,19). As pedras preciosas são as obras das almas puras, das quais diz o *Eclesiástico*: *Todo o preço não é digno da alma casta* (Eclo 26,20). E é este o motivo pelo qual no ofício da Igreja em louvor às Santas Virgens lê-se o *Evangelho* da pedra preciosa encontrada (cf. Mt 13,45-46). Quanto agrade a Deus a pureza virginal, pode ser entendido por intermédio do Profeta Isaías, que, em nome de Deus prediz aos eunucos, isto é, àqueles que se castraram por causa do Reino dos Céus (cf. Mt 19,10-12): *Dar-lhes-ei um lugar em minha casa e dentro das minhas muralhas, e um nome ainda melhor do que o de filhos e filhas; dar-lhes-ei um nome sempiterno que não perecerá jamais* (Is 56,5). Santo Agostinho demonstra, por uma magnífica palavra, no livro sobre a Santa Virgindade, que este lugar se refere aos santos virgens, tanto masculinos como femininos (*A Santa Virgindade*, cap. 24 e 25). E estas são as três obras, pelas quais, na opinião dos Doutores, devem-se as auréolas no Reino dos Céus, pois, dão-se as auréolas, isto é, prêmios certos, além da vida eterna, aos mártires, aos doutores e aos virgens. Na verdade, aos mártires pela excelência da caridade, porque *não há maior amor do que dar a própria vida por seus amigos* (Jo 15,13). Aos doutores, pela excelência da sabedoria, dos quais Daniel diz: *Os que tiverem ensinado a muitos o caminho da justiça (resplandecerão) como as estrelas por toda a eternidade* (Dn 12,3). Aos virgens, pelo incomparável valor da pureza, cuja graça, no Apocalipse, os virgens são vistos a cantar um cântico novo, que ninguém mais pode cantar, pois, João diz: *Estes são aqueles que não se contaminaram com mulheres, porque são virgens. Estes seguem o Cordeio para onde quer que ele vá* (Ap 14,4).

Mas não só a caridade dos mártires, a sabedoria dos doutores ou a pureza dos virgens será provada pelo fogo do juízo divino e receberá a plena recompensa; mas também quaisquer outras boas obras, contanto que tenham sido feitas com caridade, serão computadas entre os vasos de ouro, suportarão aquele fogo divino e receberão o seu prêmio. Com efeito, no juízo final, o Senhor dirá a eles: *Vinde benditos de meu Pai, possuí o reino que vos está preparado desde a criação do mundo* (Mt 25,34), vós que destes o pão ao que tinha fome, destes de beber ao que tinha sede, destes hospedagem ao peregrino, destes veste ao nu, consolastes o doente ou visitastes quem estava preso no cárcere. E o próprio Senhor também prometeu que não será privado de sua recompensa quem, por caridade, der a alguém apenas um copo de água fresca por ser seu discípulo (cf. Mt 25,35-36; 10,42; Mc 9,41).

Assim, alma, compreendes que diferença existe entre uma obra e outra? E quanto mais insensata e miserável és, se, no tempo e lugar em que, se fosses sábia, com facilidade poderias comprar ouro, prata e pedras preciosas, preferires ajuntar, com não pequeno esforço, madeira seca, feno e palha? Oxalá saibas, compreendas e prevejas as últimas coisas, quando no fim dos tempos todas essas coisas são examinadas e provadas pelo fogo do juízo divino, as primeiras louvadas e coroadas, as últimas queimadas e reduzidas a fagulhas e fumaça!

Por que agora escolhes aquilo que com toda a certeza te arrependerás de ter escolhido? Por que não condenas agora, quando utilmente podes, aquilo que pouco depois condenarás sem nenhuma utilidade? E se, por acaso, agora não vês estas coisas, porque o véu das coisas presentes impede teus olhos de verem a pura e claríssima verdade, ora a Deus e, com não pequeno afeto, como aquele cego do *Evangelho*, dize ao Senhor: *Senhor, que eu veja* (Lc 18,41), ou com o profeta: *Tira o véu dos meus olhos, e eu considerarei as maravilhas de tua lei* (Sl 118,18), pois certamente é algo absolutamente maravilhoso que obras, feitas na caridade, se transformem em ouro, prata e pedras preciosas; aquelas, porém, que não se fazem na caridade converter-se-ão em madeira seca, feno e palhas.

Capítulo III

Passemos agora a considerar a segunda propriedade do fogo.

Até agora aprendemos pelo fogo o que Deus realiza naqueles que saem desta vida com obras más ou que chegam ao fim da vida com obras boas. Agora, por meio de outra comparação tirada do mesmo fogo, poderemos compreender o que Deus realiza com aqueles que Ele chama do pecado à penitência.

O homem pecador é semelhante ao ferro, que, enquanto está longe do fogo é escuro, frio, duro e pesado; mas se, por acaso, for posto no fogo, torna-se luzidio, quente, mole e leve.

Todo o pecador tem falta de luz interior e anda nas trevas; por isso, imita a negritude do ferro. De fato, embora pareça sobressair nas ciências e negócios humanos não só pelo talento, mas também pelo juízo, todavia, ao discernir o bem do mal é cego e mais miserável do que qualquer cego. Realmente, o cego nada vê e, assim, não se move sem um guia; o pecador, porém, julga ver o que não vê, ou confunde uma coisa com outra; julga que o bem é mal e o mal, é bem; julga que o grande é pequeno, e o pequeno, grande; julga curto o que é comprido e comprido, o curto; e por causa disso, ao julgar sempre se engana.

É precisamente isso que o apóstolo diz dos gentios idólatras: *Têm o entendimento obscurecido*, (e estão) *afastados da vida de Deus pela ignorância que há neles, por causa da cegueira do seu coração* (Ef 4,18). É precisamente isso que, no *Evangelho*, o próprio Senhor censura com tanta frequência nos escribas e fariseus, isto é, que são cegos e guias de cegos (cf. Mt 15,14; 23,16-17.19). É precisamente isso que o Profeta Isaías diz aos judeus de seu tempo: *Surdos, ouvi, e vós, cegos, abri os olhos para ver* (Is 42,18), aos quais predisse o Cristo que haveria de vir para abrir os olhos dos cegos. E falando do Novo Testamento na pessoa de Deus, acrescenta: *Guiarei os cegos por um caminho que eles não conhecem, e fá-los-ei andar por veredas que ignoram; mudarei diante deles as trevas em luz e os caminhos tortuosos em direitos* (Is 42,16).

Enfim, não reconhecerão isso os ímpios, depois desta vida, quando a pena começar a abrir os olhos da mente, que a culpa havia fechado? E dirão: *Logo, nós nos extraviamos do caminho da verdade, e a luz da justiça não raiou para nós, e o Sol da inteligência não nasceu para nós* (Sb 5,6). E não é de admirar que sejam cegos aqueles que pela vontade e pelo ânimo são contrários a Deus, pois, *Deus é luz e nele não há treva alguma* (1Jo 1,5). Por isso, o mesmo apóstolo conclui: *Quem diz que está na luz e odeia o seu irmão, está ainda nas trevas* (1Jo 2,9), e pouco depois: *Mas quem odeia seu irmão, está em trevas, anda nas trevas e não sabe para onde vai, porque as trevas cegaram os seus olhos* (1Jo 2,11).

E a única causa da cegueira dos pecadores não é que se afastaram de Deus, que é luz, mas também porque *sua malícia os cegou* (Sb 2,21), como diz o sábio; pois as paixões do espírito, o amor, o ódio, a ira, a inveja e outras coisas que são entendidas pelo nome de malícia, cegam de tal modo o espírito que não permitem discernir a verdade, mas são como lunetas coloridas que fazem ver como vermelho o que é branco; ou lunetas feitas de tal maneira que tornam grandes as coisas pequenas, ou, ao contrário, pequenas as coisas grandes; ou ainda, como próximas as muito distantes ou como distantes, as coisas próximas.

Quem ama com veemência, julga belíssimo, utilíssimo, ótimo aquilo que ama e até que lhe é necessário, e por isso, negligencia e abandona todas as outras coisas para comprá-lo. Ao contrário, aquele que odeia a mesma coisa com veemência, considera-a feia, inútil, má e até prejudicial a ele e, por isso, também deve ser simplesmente rejeitada, ainda que com a perda de tudo.

Mas se este ferro escuro e feio for aproximado do fogo, isto é, se o pecador começar a se afastar do pecado e a voltar-se para Deus, segundo o que diz o profeta: *Aproximai-vos dele e sereis iluminados* (Sl 33,6) pouco a pouco, começa a ser iluminado e, naquela luz, a ver a clara verdade, como diz o mesmo profeta: *Na tua luz veremos a luz* (Sl 35,10).

E então, finalmente quebrada a luneta colorida das paixões e tomada aquela de cristal, que é caridade pura, julga grandes as coisas eternas, pequenas e quase nada, as coisas temporais, como realmente são, percebe, com grande clareza, que nenhuma espécie e beleza criada pode ser comparada com a luz da sabedoria e da verdade que está em Deus, e que é Deus. Por isso, com Santo Agostinho exclama: *Tarde te amei ó beleza tão antiga e tão nova, tarde te amei* (*Confissões*, Livro 10, cap. 27).

E porque Cristo diz: *Conhecereis a verdade e a verdade vos tornará livres* (Jo 8,32), iluminado pela luz da verdade e libertado dos grilhões da concupiscência, da avareza, da ambição e das outras paixões, o pecador exulta com o profeta e diz: *Quebraste, Senhor, minhas cadeias; oferecer-te-ei uma hóstia de louvor e invocarei o nome do Senhor* (Sl 115,16-17).

Capítulo IV

O fogo não faz apenas que o ferro de escuro que era se torne reluzente, mas também que de frio se torne quente; e não só quente, mas tão abrasado e ardente que parece ser o próprio fogo.

Grande é o Senhor e grande é sua força, que faz que o homem, frio por natureza, que teme e se apavora com todas as coisas, que não ousa falar, ser útil a si mesmo, nem tentar alguma coisa um pouco mais difícil, logo que é aquecido pelo fogo da caridade, torna-se mais audaz do que o leão, que aterroriza a todos com seu rugido, que no combate vence a todos, a quem nada parece difícil ou árduo e que, com o Apóstolo Paulo, todo abrasado por este fogo diga: *Tudo posso naquele que me conforta* (Fl 4,13).

Contudo, falemos, por partes, sobre esta eficácia do fogo. Em primeiro lugar, dissertemos sobre a eficácia das palavras, e depois, brevemente, sobre a eficácia dos fatos.

São muitos hoje, e sempre foram, na Igreja, os pregadores da palavra de Deus. Qual é a causa e por que, apesar das exortações e clamores de tantos homens, tão poucos se convertem?

É certo que nas grandes cidades, durante a quaresma há vinte, trinta e até quarenta pregadores a pregar diariamente; e, todavia, passada a quaresma, não aparece quase nenhuma mudança nos costumes da cidade: percebem-se os mesmos vícios, os mesmos pecados, a mesma frieza, a mesma dissolução.

Pessoalmente, não encontro outra causa, senão que, na maioria das vezes, fundamentam-se em sermões eruditos, elegantes e floridos, mas falta-lhes alma, falta-

-lhes vida, falta-lhes fogo; numa palavra, falta-lhes aquela grande caridade, a única que pode animar e acender as palavras dos oradores e inflamar e transformar o coração dos ouvintes.

E não digo isso como se a muitos pregadores faltasse a veemência da voz, ou o movimento de todo o corpo, pois até os canhões sem bola de ferro ou de pedra produzem um som, mas sem fruto; o que se deseja é que tenham um grande amor a Deus e à salvação das almas; e este, não aparente, mas verdadeiro; não forçado, mas que quase naturalmente brote da fonte do coração.

São Pedro não aprendera a arte de falar, só era perito em dirigir o seu barco e em remendar e atirar as redes; mas quando sobre ele desceu o Espírito Santo em línguas de fogo, e o encheu de uma ardentíssima caridade, imediatamente começou a falar com tanto vigor, com tanto ardor e com tal eficácia no centro da cidade de Jerusalém, que, com um só sermão, converteu milhares de homens à penitência e à fé (cf. At 2,1-41). E não se lê que, nos seus sermões, costumasse falar com muita força ou que cansasse todo o corpo com muitos gestos.

São Boaventura refere que São Francisco não era muito erudito, nem que se tenha dedicado a obras de retórica; no entanto, quando pregava ao povo, parecia ouvir-se um anjo do céu. Com efeito, no capítulo 12 da *Vida de São Francisco*, diz que sua palavra, como um fogo ardente, penetrava no íntimo dos corações (cf. *Legenda Maior*, cap. 12). E segundo se narra nas *Crônicas da Ordem dos Menores*, cap. 30, uma vez, após o almoço, tendo falado de improviso com poucas palavras ao povo, produziu-se em todo o povo tal emoção para a penitência, que aquele dia parecia ser a própria Sexta-feira Santa do Senhor.

De onde, com tão poucas palavras, surgiu tana emoção? Tanto fruto? Certamente, do fato que aquele santo pregador era como um carvão aceso e sua palavra como uma chama ardente, como o *Eclesiástico* deixa escrito de Elias (cf. Eclo 48,1).

Temos, por escrito, os sermões de São Vicente, de São Bernardino e de alguns outros santos, que, por causa da excessiva simplicidade das palavras que neles se percebe, apenas alguns dignam-se a ler. E, no entanto, sabemos que, por causa daqueles sermões, muitos milhares de homens converteram-se a Deus e que eram sempre ouvidos com grande atenção por uma incrível multidão, porque aquelas simples palavras provinham de peitos abrasados e faiscantes.

Ora, de fato, este fogo divino não mostra menos sua eficácia nos fatos do que nas palavras.

Deus determinou sujeitar a si, através do Apóstolo Pedro, a cidade de Roma, a capital do império e senhora dos povos. Determinou também enviar os outros apóstolos, uns para a Etiópia, outros para os Indus, outros para os Citas e outros ainda para os mais distantes britânicos e, por eles, destruir os ídolos do mundo, levantar o estandarte da cruz, mudar as leis e os costumes, derrubar a tirania do demônio.

Se alguém tivesse predito estas coisas aos apóstolos quando ainda pescavam no lago de Genezaré, ou quando, durante a paixão do Senhor, procuravam com insistência um esconderijo, tudo isso seria visto como sonhos ou velhas fábulas. E, todavia, pouco depois, tudo se realizou, não por outras forças senão pelas forças de uma ardentíssima caridade que o Espírito Santo acendeu nos seus corações. Pois *na caridade não há temor* (1Jo 4,18);

tudo espera, tudo sofre (1Cor 13,7). Crê que tudo lhe é possível e com o apóstolo clama: *Tudo posso naquele que me conforta* (Fl 4,13).

Assim, vimos que, pelas obras e trabalho destes homens armados unicamente da caridade, em pouco tempo a idolatria foi destruída em todo o mundo, em toda a parte foram fundadas as Igrejas de Cristo e em todos os reinos foi erguido o estandarte da cruz; e isso, sem um exército de soldados e sem aparato bélico algum.

Capítulo V

Ora, o fogo tem também a propriedade de tornar mole o ferro que é duro, para que facilmente possa ser adelgaçado e estendido em lâminas, e ser adaptado a todas as formas pelo artífice.

Grande é a eficiência do fogo sobre o ferro, mas muito maior é a força de nosso Deus nos corações obstinados e endurecidos dos mortais. Ouve o que diz São Bernardo no livro *A consideração*: *O coração duro é o único que não tem horror de si mesmo, porque nem o sente. O que é, pois, um coração duro? É aquele que não é dobrado pela compunção, não é amaciado pela piedade, não é movido pelas súplicas, não cede às ameaças, é endurecido pelos flagelos, é ingrato aos benefícios, não aceita os conselhos.* E abaixo: *E é aquele que não teme a Deus, nem respeita o homem* (Livro 1, cap. 2).

E que tudo isso é muito verdade, é testemunha o faraó que, quanto mais era flagelado por Deus, tanto mais se endurecia; e quanto mais brilhava a clemência de Deus suspendendo o flagelo, tanto mais ele se animava a desdenhar e a desprezar a Deus.

Porém, quando a Deus aprouver acender uma centelha do fogo do seu verdadeiro amor num coração, embora duro, logo ele se torna mole e se derrete como a cera, e à sua força não resiste obstinação alguma, por mais duradoura e dura que seja; mas imediatamente torna-se de carne o coração que fora de pedra e das congeladas neves, pelo sopro do espírito do Senhor, escorrem águas.

Temos um exemplo no *Evangelho*, naquela mulher que na cidade era pecadora, e que as admoestações do irmão, a repreensão da irmã, a honra da família, nem a própria desonra puderam movê-la a desistir do pecado. Mas um único raio de Cristo, que penetrou em seu coração e ali acendeu uma centelha do amor divino, logo transformou-a em outra, de modo que, embora, no lugar, fosse uma mulher nobre, não se envergonhou de aproximar-se aos pés de Cristo num banquete público e toda desfeita em lágrimas, com as próprias lágrimas lavou os pés de Cristo, enxugando-os com os próprios cabelos, como se fossem um pano, começou a beijar aqueles pés pela veemência do amor, ungi-los com um unguento muito precioso e perfumado, como se quisesse mostrar que doravante dedicaria a si e tudo o que era seu ao serviço de Cristo. Por isso, mereceu ouvir a palavra do Senhor: *São-lhe perdoados os muitos pecados, porque muito amou* (cf. Lc 7,36-47).

Mas é bom apresentar também um outro exemplo, muito mais recente. Nos tempos de São Bernardo, Guilherme, Duque da Aquitânia, foi mais obstinado e pertinaz do que ninguém em proteger Anacleto, Pontífice cismático, e combater Inocêncio, pontífice legítimo. Expulsara de seus domínios todos os bispos católicos e fizera o juramento de nunca mais fazer a paz com eles; e porque todos sabiam do seu coração endurecido no mal e temiam a violência e a soberba do homem, não havia ninguém que ousasse admoestá-lo.

Aprouve ao Senhor visitar, por meio de seu servo Bernardo, o coração endurecido deste homem e acender em seu peito uma chama não pequena do divino amor. Imediatamente, de leão transformou-se em cordeiro; de soberbo, em humilde; de pertinaz, em obedientíssimo. Com uma única palavra de Bernardo, abraçou amigavelmente o bispo de Poitiers, e, por suas mãos, recolocou-o na sua sede. E o que parece superar toda a admiração, é que ao pedir a um certo eremita o remédio de sua alma por causa dos pecados cometidos, ele mandou que vestisse sobre a carne nua uma couraça de bronze e a fizesse fechar de tal modo que nunca pudesse tirá-la. Ele o fez imediatamente e enviado pelo eremita ao sumo pontífice para receber a absolvição, obedeceu. E porque o sumo pontífice suspeitasse que ele não se tinha arrependido de coração, ou porque quisesse pôr à prova a sua paciência, ordenou-lhe que peregrinasse até Jerusalém e pedisse a absolvição ao patriarca daquela cidade. Guilherme logo empreendeu a viagem e cumpriu a ordem do pontífice.

Por fim, já que de poderosíssimo príncipe tornou-se um humilde monge, não existiu quase nenhum na sua época que o superasse na humildade, na paciência, na pobreza, na devoção e na piedade.

Esta é *a mudança que vem da destra do Altíssimo* (Sl 76,11), esta é a força do fogo divino, à qual nenhuma obstinação do coração resiste.

Capítulo VI

Resta a última propriedade do fogo, que consiste em tornar leves as coisas pesadas, e facilmente mandá-las para cima.

Por que motivo os homens que não ardem no amor divino têm um coração pesado e o profeta lhes diz: *Até quando sereis de coração pesado? Por que amais a vaidade e buscais a mentira?* (Sl 4,3). A causa disso certamente é que *o corpo, que se corrompe, torna a alma pesada* (Sb 9,15), e, como diz o Sábio: *Um pesado jugo carrega sobre os filhos de Adão, desde o dia em que eles saem do ventre de sua mãe, até o dia de sua sepultura no seio da mãe comum de todos* (Eclo 40,1).

Porém, o que seja este jugo pesado que, no corpo mortal, pesa sobre a alma, explica-o o mesmo autor, pouco depois, quando acrescenta o furor, a inveja, a inquietação, a perplexidade, o temor, a cólera (cf. Eclo 40,4) e todas as outras coisas que costumam ser chamadas de paixões da alma. Estas coisas pesam tanto sobre o homem, que ele nada vê senão a terra, sobre a qual está prostrado e não pode elevar-se para buscar a Deus nem correr com presteza pelo caminho dos mandamentos de Deus.

Mas quando o fogo divino começa a abrasar do alto os corações humanos, imediatamente aquelas paixões diminuem, definham e o pesado jugo começa a tornar-se leve; e se o ardor crescer, não é difícil que o coração humano se torne leve, para receber asas como a pomba e possa dizer com o apóstolo: *Somos cidadãos dos céus* (Fl 3,20), e quase com o coração dilatado pelo fogo diga com Davi: *Corri pelo caminho dos teus mandamentos, quando dilataste o meu coração* (Sl 118,32).

Certamente, depois que o Salvador disse: *Eu vim trazer fogo à terra, e o que quero senão que se acenda?* (Lc 12,49), vimos que muitos se tornaram tão leves que se despojaram de toda a honra, da carne e do apego às riquezas e disseram a Cristo subindo aos céus: Leva-me depois de ti (cf. Ct 1,3).

Por isso, foram construídos tantos mosteiros, tantos desertos começaram a ser habitados, foram criados tantos coros de virgens, aos quais não só foi fácil correr pelo caminho dos mandamentos, mas também subir pelo caminho dos conselhos e seguir *o Cordeiro para onde quer que ele vá* (Ap 14,4).

Ó fogo bem-aventurado, que não consomes, mas iluminas; e se consomes, consomes os humores nocivos para que a vida não se extinga! Quem me concederá que eu seja abrasado por este fogo? Que purifique e tire a negritude da ignorância e a obscuridade da consciência errônea com a luz da verdadeira sabedoria; que troque o frio da preguiça, da falta de devoção e da negligência pelo ardor do amor; que jamais deixe endurecer meu coração, mas sempre o amoleça com seu calor e o torne obediente e devoto; que, por fim, arranque o pesado jugo dos cuidados e dos desejos terrenos e que, pelas asas da santa contemplação, que nutre e aumenta a caridade, meu coração seja elevado para cima e, com o profeta, possa dizer: *Alegra a alma do teu servo, pois a ti, Senhor, elevei a minha alma* (Sl 85,4).

Sétimo degrau

Pela consideração do céu, isto é, do sol, da lua e das estrelas

Capítulo I

Neste capítulo, não teremos dificuldades de, pela consideração do céu, construir para nós um degrau para considerarmos a Deus; com efeito, temos à frente o profeta real que, nos *Salmos*, canta: *Os céus publicam a glória de Deus, e o firmamento anuncia as obras das suas mãos* (Sl 18,2).

E como há dois tempos, isto é, o diurno e o noturno, pelos quais do céu subimos para Deus nas asas da contemplação, do primeiro, ele escreve naquele salmo: *Estabeleceu o seu tabernáculo no sol; e ele mesmo é como um esposo que sai do tálamo. Dá saltos como gigante para percorrer o seu caminho. Sua saída é desde uma extremidade do céu; seu curso* (vai) *até a outra extremidade e nada se esconde ao seu calor* (Sl 18,6-7). Do segundo, escreve em outro salmo: *Contemplo os teus céus, obra dos teus dedos, a lua e as estrelas, que tu criaste* (Sl 8,4).

Comecemos pelo primeiro tempo.

Do sol, que vemos durante o dia, pela boca de Davi, o Espírito Santo canta quatro louvores: o primeiro, que é o tabernáculo de Deus; o segundo, que é belíssimo; o terceiro, que é rapidíssimo e que corre sem jamais se cansar; o quarto, que manifesta sua força sobretudo iluminando e aquecendo. Por causa disso tudo, o *Eclesiástico* escreve: *É um vaso admirável, uma obra do Excelso; grande é o Senhor que o criou* (Eclo 43,2.5).

Por isso, em primeiro lugar, Deus, o Criador de todas as coisas, pôs no sol o seu tabernáculo, como numa coisa nobilíssima, isto é, entre todas as coisas materiais, Deus escolheu o sol, para nele habitar como num palácio real ou num santuário divino. Na verdade, Deus enche o céu e a terra (cf. Jr 23,24) e o céu e os céus dos céus não o podem conter (cf. 2Cr 2,6); todavia, diz-se que Ele mais habita onde, operando maravilhas, manifesta os maiores sinais de sua presença.

Mas, porque no texto hebraico se diz: Neles pôs o tabernáculo do sol, isto é, nos céus, vemos nesta passagem do salmo outra propriedade do sol, que não é contrária à primeira. Coisa grande é o sol, a quem Deus preparou um palácio imenso, belíssimo e nobilíssimo. Com efeito, quis que o próprio céu fosse o palácio do sol, no qual pudesse andar e agir livremente e o próprio sol fosse o palácio de Deus, o Príncipe Supremo.

Por isso, do mesmo modo que conhecemos a grandeza e a excelência do sol, porque o céu é o seu tabernáculo, assim conhecemos a grandeza e a excelência de Deus, porque seu tabernáculo é o sol, isto é, o vaso admirável, em relação ao qual nada existe de mais admirável nas coisas materiais.

Depois, para mostrar a insigne beleza do sol pelas coisas conhecidas, Davi comparou-o a um esposo que sai do seu leito nupcial, pois nunca os homens se preparam mais e nunca desejam mostrar mais sua forma e beleza do que quando são esposos, porque, então, desejar agradar sobretudo aos olhos da esposa, que amam com muita veemência.

Porém, se pudéssemos fixar os olhos no sol e se estivéssemos mais perto dele e o víssemos todo, quanto é, como é, não precisaríamos compará-lo ao esposo, para compreender sua incrível beleza.

É certo que toda a beleza das cores depende da luz e que, faltando a luz, dissipa-se toda a beleza das cores. Por isso, nada é mais belo do que a luz, e o próprio Deus, que é a própria beleza, quis chamar-se luz, como diz São João: *Deus é luz, e nele não há treva alguma* (1Jo 1,5). Ora, nas coisas materiais, nada é mais brilhante do que o sol e, por isso, nada é mais formoso do que ele. Acrescenta que a beleza das coisas inferiores, e principalmente a dos homens, em pouco tempo definha, enquanto que a beleza o sol nunca se apaga, nunca diminui e sempre alegra tudo com igual esplendor.

Ou não sentimos, ao nascer do sol, quanto todas as coisas, de algum modo, parecem alegrar-se? E não são só os homens que se alegram, mas também vemos que sopram ventos suaves, abrem-se flores, surgem ervas e as avezinhas enchem o ar com seu canto.

Por isso, ao anjo que lhe dizia: *A alegria seja contigo*, o velho cego Tobias respondeu: *Que alegria poderei eu ter, eu que sempre estou em trevas e que não vejo a luz do céu?* (Tb 5,11-12).

Por isso, reflete, minha alma, e pondera contigo mesma, se, ao nascer, o sol criado alegra tanto todas as coisas, o que fará o sol incriado, sem comparação alguma mais belo e mais brilhante, quando nascer para ser visto e contemplado pelos corações puros, não por um breve tempo, mas para sempre? E que infeliz e triste hora chegará para os homens perdidos, quando forem afastados para serem sepultados nas trevas eternas, onde, nem os raios do sol incriado, nem do sol criado, jamais, em tempo algum, penetrarão. E qual será a alegria daquela alma à qual o Pai das luzes disser: *Entra no gozo do teu Senhor!* (Mt 25,21).

Capítulo II

Depois, o mesmo profeta celebra o curso realmente admirável do sol e diz: *Exultou como um gigante para percorrer o seu caminho* (Sl 18,6).

O gigante, certamente, é robusto; se estender o passo conforme o tamanho do corpo e correr velozmente segundo o vigor das forças, num breve espaço de tempo percorrerá, com certeza, um enorme caminho. E então o profeta, porque comparara o sol ao esposo, para desse modo explicar, como podia, a beleza do sol, depois comparou-o a um gigante, para desse modo, como podia, usando a mesma comparação, explicar o velocíssimo curso do sol.

Mas também, se não o tivesse comparado ao homem, embora grande e robusto, mas às aves que voam, às flechas, aos ventos e aos relâmpagos, ainda assim não estaria muito longe da verdade. Com efeito, se é verdade o que vemos com os olhos, que em vinte e quatro horas o sol percorre todo o âmbito de sua órbita e se o âmbito da órbita do sol supera quase infinitamente o âmbito da órbita da terra e se a circunferência da terra abrange cerca de vinte mil milhas, o que é absolutamente verdade, segue-se, sem dúvida, que a cada hora o sol percorre muitos milhares de milhas. E por que digo a cada hora? Antes, a cada quarto de hora e quase a cada partícula de hora.

Pois se alguém quiser observar o nascer ou o pôr do sol, sobretudo num horizonte aberto, como é no mar, ou numa planície campestre, compreenderá que todo o corpo solar sobe acima do horizonte em menor espaço de tempo do que a oitava parte de uma hora e, todavia, o diâmetro do corpo solar é muito maior do que o diâmetro do orbe terrestre, o qual, no entanto, mede sete mil milhas.

Eu mesmo, uma vez, querendo saber, por curiosidade, em que espaço de tempo todo o sol se punha no mar, no início do seu ocaso comecei a ler o *Salmo Miserere mei Deus*. Mal o tinha lido duas vezes, e o sol já tinha se posto todo. Portanto, é necessário que o sol, no brevíssimo tempo em que se lê duas vezes o *Salmo Miserere*, percorra, no seu curso, um espaço muito maior do que sete mil milhas.

Quem acreditaria isso, se uma prova certa não o demonstrasse? E se alguém agora acrescentar que este corpo, que se move tão velozmente, é uma massa muito maior do que todo o orbe terrestre e que o movimento de tamanho corpo, e tão veloz, prossegue sem nenhuma pausa ou fadiga, e que, se Deus mandar, pode durar por um tempo eterno, certamente, se não for imbecil ou retardado, não poderá deixar de admirar o infinito poder do Criador.

Por isso, com razão o *Eclesiástico* escreve que o sol é um vaso admirável, uma obra do Excelso e que, na verdade, é grande o Senhor que o fez.

Capítulo III

Resta a eficácia da luz e do calor, da qual Davi diz: *Não há quem se esconda do seu calor* (Sl 18,7).

Este único corpo brilhante, colocado no meio do mundo, ilumina todos os astros, todo o ar, todos os mares e toda a terra; e com seu calor vivificante, faz germinar, em toda a terra, todas as sementes e todas as cearas, faz reverdecer e cobrir-se de folhas todas as árvores, leva à maturidade todos os frutos e espalha sua força também debaixo da terra, onde produz toda a espécie de metais.

Por isso, no início de sua Epístola, São Tiago comparou o próprio Deus com o sol, ao dizer: *Toda a dádiva excelente e todo o dom perfeito vem do alto e desce do Pai das luzes, no qual não há mudança, nem sombra de vicissitude* (Tg 1,17).

Na verdade, o sol é o pai das luzes materiais; Deus, porém, é o Pai das luzes espirituais; mas, em três coisas existe uma grande diferença entre Deus e o sol. Em primeiro lugar, para encher de luz e de calor todo o orbe terrestre, o sol necessita de uma perpétua mudança de lugar; Deus, porém, porque está todo em toda a parte, não necessita de mudança. Daí que São Tiago diz: *No qual não há mudança.*

Depois, pelo fato de mudar sempre de lugar, alternadamente, para alguns faz o dia, a outros deixa a noite, brilha para alguns e escurece para outros; Deus, porém, nunca se move e está sempre presente a todos; e por isso, São Tiago acrescenta: Nele não há nenhuma sombra de vicissitude.

Finalmente, e isso é o mais importante de tudo, é que do sol, pai das luzes materiais, provêm todos os bens e dádivas que nascem na terra; e estes são realmente bens, porém, não são ótimos, nem perfeitos, antes pequenos, temporais e perecíveis, não tornam o homem bom, os que querem podem usá-los mal e levam a muitos para a sua perdição. Ao contrário, de Deus, Pai das luzes espirituais, descem todos os bens ótimos e dons perfeitos, os quais tornam ótimo e perfeito quem os possui, dos quais ninguém pode servir-se mal, pois conduzem aqueles que neles perseveram ao estado da verdadeira felicidade e é perfeito na reunião de todos os bens.

Por isso, minha alma, busca saber quais são estes bens ótimos e estes dons perfeitos que são de cima e descem do Pai das luzes; e quando os achares, deseja-os diligentemente e, com todas as forças, esforça-te por obtê-los. Mas não é necessário que vás muito longe, pois a própria natureza do sol há de mostrá-los suficientemente a ti. Com efeito, o sol realiza todas as coisas com sua luz e seu calor; e os bens e dádivas do pai das luzes materiais são a luz e o calor. Por isso, da mesma forma os bens ótimos e os dons perfeitos, que são de cima e descem de Deus, o verdadeiro Pai das luzes, são a luz da sabedoria e a ordenação da caridade.

A luz da sabedoria, que verdadeiramente faz o sábio, da qual ninguém pode servir-se mal e que conduz à fonte da sabedoria que está colocada na pátria celeste, é ela que ensina a desprezar as coisas temporais, enaltecer as eternas, *a não confiar na incerteza das riquezas, mas em Deus vivo* (1Tm 6,17), que ensina a não fazer do exílio a pátria, a não amar, mas tolerar, a peregrinação e que, finalmente, ensina a levar na paciência esta vida presente, já que ela está cheia de perigos e tentações, e desejar a morte, porque são *bem-aventurados os mortos, que morrem no Senhor* (Ap 14,13).

O que é a ordenação da verdadeira caridade, senão amar sem fim e sem medida a Deus, que é o fim de todos os desejos; amar as outras coisas, que são meio para alcançar o fim, com medida e moderação, isto é, quanto é necessário para alcançar o fim, isto é, a bem-aventurança?

Certamente, não há ninguém entre os filhos dos homens que inverta a ordem sobre o cuidado do corpo, a ponto de amar a saúde com medida e o remédio, sem medida, sabendo que aquela é o fim e este, o meio. Por isso, de onde vem que tantas pessoas, que querem ser consideradas sábias, não encontram nenhum limite em conservar as riquezas, em buscar os prazeres carnais e em adquirir graus de bens, como se estes bens fossem o fim do coração humano; e em coisas como amar a Deus, em buscar a felicidade eterna, nisso se contentem com muito pouco, como se estas coisas fossem o meio para o fim, e não o fim de todos os meios?

Decididamente, a razão disso é que elas têm a sabedoria do mundo e não a sabedoria que vem de cima, que desce do Pai das luzes; e por não terem uma caridade ordenada, por isso não têm a verdadeira caridade, que não pode deixar de ser ordenada; mas estão cheios de cobiça, que não provém do Pai, mas do mundo.

Por isso, tu, minha alma, enquanto peregrinares longe da pátria e andares entre os inimigos, que armam ciladas à verdadeira sabedoria e à verdadeira caridade, que propõem a astúcia em lugar da sabedoria, a cobiça, em lugar da caridade, suplica de todo o coração ao Pai das luzes, que faça descer ao teu coração os bens excelentes e os dons perfeitos, isto é, a luz da verdadeira sabedoria e o ardor da caridade ordenada, a fim de que, cheia desses dons possas andar sem obstáculo pelo caminho dos preceitos de Deus e chegues àquela pátria onde se bebe da própria fonte e se vive do puro leite da caridade.

Capítulo IV

Passo agora ao tempo noturno, no qual o céu, por meio da lua e das estrelas, fornece-nos um degrau para subir a Deus. De fato, assim fala Davi: *Quando contemplo os teus céus, obra dos teus dedos, a lua e as estrelas, que tu criaste* (Sl 8,4). Se pudéssemos ver o próprio céu, o profeta não diria, como que para explicar, o que tinha dito antes: *A lua e as estrelas, que tu criaste*. E de fato, se os nossos sentidos atingissem o próprio céu, ou se, com toda a razão, pudéssemos investigar sua natureza e suas qualidades, sem dúvida, teríamos um excelente degrau para Deus.

Na verdade, não ignoramos que não faltaram aqueles que, pelo movimento dos astros, definiram a natureza do céu uma quintessência, simples e incorruptível, e que se move perpetuamente em círculo; mas sabemos também que não faltaram outros que julgaram ser o céu um elemento de fogo, que não se move em círculo, nem é incorruptível em suas partes. Nós, porém, não procuramos opiniões, mas a ciência certa ou a doutrina da fé, para que, por ela, construamos para nós um degrau sólido para conhecer a Deus.

Portanto, estaremos contentes com a lua e as estrelas, que vemos, para construir o degrau com o profeta, como fizemos, pouco antes, com o sol, que é luz e príncipe das demais luzes.

A lua tem duas propriedades que nos podem ser úteis para elevar-nos e merecermos a Deus. A primeira é que quanto mais se aproxima do sol, tanto mais é iluminada na parte superior, que olha para o céu; e se obscurece na parte inferior, que olha para a terra; e quando está totalmente debaixo do sol e a ele absolutamente unida, então está toda brilhante para o céu e obscura para a terra, e ao contrário, quando está totalmente em oposição ao sol, é vista toda iluminada pelos habitantes da terra e não tem luz alguma na parte superior, como imaginam os que habitam o céu.

Essa propriedade da lua pode ser uma grande demonstração ou um exemplo aos mortais, a fim de compreenderem quão solícitos devem ser para estar próximos, sujeitos e unidos ao verdadeiro Deus, o Pai das luzes.

A lua representa o homem, o sol, Deus. Quando a lua está em oposição ao sol, então, com a luz emprestada pelo sol, ela olha unicamente para a terra, e como que volta as costas para o céu; daí também aparece belíssima aos habitantes da terra, mas feíssima aos habitantes do céu.

Assim também são, absolutamente, todos os homens mortais quando se afastaram muito de Deus, como aquele filho pródigo, quando se afastou do Pai e partiu para uma região distante, e então abusam da luz da razão, que receberam do Pai da luzes, para olhar unicamente para a terra e, esquecidos de Deus, pensam somente na terra, amam somente a terra e se ocupam totalmente em adquirir seus bens e, então, são chamados sábios e bem-aventurados pelos filhos deste século; mas, por aqueles que moram no céu, são considerados pobres, nus, cegos, feios, mesquinhos e miseráveis.

Ao contrário, porém, quando a lua está unida ao sol, sujeita-se perfeitamente a ele, resplandece toda na parte superior, olha somente para o céu, de certo modo volta as costas para a terra e desaparece inteiramente aos olhos humanos.

Precisamente assim, quando o ímpio começa a voltar à piedade pela perfeita conversão a Deus, verdadeiro sol das almas, sujeita-se pela humildade e se une pela caridade, e então cumpre o que admoesta o apóstolo, que busque as coisas do alto, onde Cristo está à direita de Deus e que prove as coisas que estão acima, não as que estão sobre a terra (cf. Cl 3,1-3); então é desprezado pelos insensatos e considerado quase morto. Pois, verdadeiramente aquele que é assim, está morto para o mundo e sua vida está escondida com Cristo em Deus; mas quando aparecer Cristo, sua vida, então, ele próprio aparecerá com Cristo na glória, como esse apóstolo acrescenta no mesmo lugar (cf. Cl 3,4).

E este é o motivo (como observou Santo Agostinho na sua carta a Januário – cf. *Carta 29*, cap. 4, 5, 6), pelo qual a Páscoa do Senhor, tanto na Lei antiga, como na nova, não pode corretamente ser celebrada a não ser após o plenilúnio, isto é, quando a lua, que está em oposição, pela conversão começa a voltar a unir-se com o sol. Com efeito, por este sinal celeste, Deus quis mostrar que pela Paixão e Ressurreição do Senhor, aconteceu que o homem, contrário a Deus por sua iniquidade, começou a converter-se a Deus e, pelos méritos de Jesus Cristo, correr para a sua graça e união.

Mas tu, minha alma, se, por inspiração da graça de Deus, te sujeitares fortemente ao Pai das luzes pela verdadeira humildade e felizmente te unires a ele por uma ardente caridade, não imites os insensatos, que mudam como a lua, mas segue os sábios, que permanecem firmes como o sol, conforme o testemunho do *Eclesiástico* (cf. Eclo 27,12). Com efeito, a lua, tão rápido quanto se aproxima do toque com o sol, com a mesma velocidade se afasta da união; tu, porém, se fores sábia, não abandones a graça uma vez recebida, não te retires, não te afastes, pois, em lugar algum encontrarás algo melhor, e não sabes se te será concedido voltar outra vez, se de espontânea vontade te afastares. Porque aquele que prometeu o perdão aos que se arrependerem e a graça aos que retornarem, não te prometeu uma vida mais longa, nem o dom do arrependimento.

Portanto, com segurança, volta as costas para a terra e contempla o teu Sol, nele descansa, nele te alegra e nele permanece. Com o Apóstolo Pedro, dize: *É bom estarmos aqui* (Mt 17,4) e com o Mártir Inácio: *Bom para mim é viver com Cristo, do que reinar nos limites da terra* (*Carta aos Romanos*). E para ti seja pouco o que julgarem de ti os sábios deste mundo. Pois, de fato, não é aprovado aquele que o mundo louva, mas aquele que Deus louva.

Capítulo V

A lua tem um outro costume, que também Deus usa observar com seus eleitos.

Realmente, a lua preside a noite, como o sol, o dia, conforme diz Moisés no *Gênesis* (cf. Gn 1,16) e Davi, nos *Salmos* (cf. Sl 135,8.9). Contudo, o sol ilumina todo o dia com um esplendor contínuo; a lua, porém, ilumina a noite, ora que muita luz, ora com pouca, e às vezes, também, não suaviza com luz alguma as trevas da noite.

Assim Deus, como o sol, ilumina com perpétua claridade os santos anjos e as almas dos bem-aventurados, para os quais é dia perpétuo (*pois ali não haverá noite* – Ap 21,25), diz São João no *Apocalipse*. Com efeito, nesta noite do exílio e da nossa peregrinação, na qual *caminhamos pela fé e não pela visão* (2Cor 5,7), e fixamos o olhar na Santa Escritura como *uma lucerna que alumia um lugar escuro* (2Pd 1,19), como diz São Pedro na *Segunda Carta*, Deus, iluminando como a lua, por vezes, visita os nossos corações e, por vezes, deixa-os nas trevas da desolação.

E, todavia, alma, não deves entristecer-te muito se não receberes nenhuma luz de consolação, nem te alegrar muito se, pouco depois, respirares na luz da consolação e da devoção. Pois, na noite deste século, Deus não se guia pelo sol, mas pela lua e a nós, pequeninos e imperfeitos, Deus não só aparece ora como uma lua cheia de luz da consolação, ora como uma lua desprovida de toda a luz e nos deixa o horror e as densíssimas trevas da noite, pois o Apóstolo Paulo, vaso de eleição, que arrebatado do terceiro céu *ouviu palavras inefáveis, que ao homem não é lícito proferir* (2Cor 12,4), se, por vezes, diz: *Estou cheio de consolação, estou inundado de alegria em todas as nossas tribulações* (2Cor 7,4), por outras, geme e se lamenta, dizendo: *Vejo nos meus membros uma outra lei, que se opõe à luz do meu espírito e que me faz escravo da lei do pecado, que está nos meus membros. Infeliz de mim! Quem me livrará deste corpo de morte?* (Rm 7,23-24) e na *Segunda Carta aos Coríntios*: *Não queremos, irmãos, que ignoreis a tribulação que nos aconteceu na Ásia, como fomos oprimidos acima das nossas forças, de sorte que até mesmo viver nos causava tédio* (2Cor 1,8).

E é isso, como observa São João Crisóstomo, que Deus faz em todos os santos: que não tenham nem tribulações, nem consolações constantes; mas, com quase admirável variedade, tece a vida dos justos, ora com adversidades, ora com prosperidades (*Hom. 8 sobre Mateus*). Estas coisas sobre a lua.

Capítulo VI

Entre os ornamentos do céu, as estrelas são as últimas, das quais o Eclesiástico diz: *A beleza do céu é o brilho das estrelas*, e imediatamente acrescenta: (Com elas) *O Senhor ilumina o mundo nas alturas* (Eclo 43,10).

Com efeito, o que as estrelas têm de formoso, como também o sol e a lua, tudo procede do Pai das luzes; e não é apenas o sol durante o dia, nem só a lua e as estrelas durante a noite, que iluminam o mundo, mas é o Senhor que, habitando nas alturas, ilumina o mundo pelo sol, pela lua e pelas estrelas. Pois, como diz o Profeta Baruc, é ele que *envia a luz e ela vai; que a chama e ela lhe obedece tremendo. As estrelas deram luz nas suas estâncias e alegraram-se; foram chamadas e disseram: Aqui estamos; deram luz com alegria àquele que as fez* (Br 3,33-35). Por estas palavras, expressa-se o infinito poder de Deus, que, com incrível facilidade, num instante, produz, adorna e faz agir corpos tão vastos e tão formosos.

Aquilo que para nós é chamar, para Deus é criar com a palavra. Com efeito, Ele chama as coisas que não existem, e chamando-as faz que existam, e quando as estrelas dizem *aqui estamos,* nada mais é senão imediatamente existir e agir à voz de quem comanda, resplandecer com alegria a quem as fez e tão pronta e facilmente obedecer ao Criador, como se, ao obedecer, fossem tomadas de grande alegria e prazer.

Mas o que é absolutamente admirável nas estrelas é que movendo-se com grande velocidade e sem jamais deixar seu rapidíssimo curso e correndo em círculo, umas mais lentas, outras mais rápidas, conservam sempre de tal forma sua posição e sua proporção com as outras que daí resulta um harmonioso e suavíssimo concerto. Desse concerto fala Deus no livro de Jó, quando diz: *Quem explicará a disposição dos céus e fará cessar a sua harmonia?* (Jó 38,37).

Este concerto não é de vozes ou de sons, que se perceba com os ouvidos do corpo; mas é um concerto de proporções nos movimentos dos astros, que são percebidos pelo ouvido do coração. Todavia, se as estrelas do firmamento todas juntas, na mesma velocidade, percorrem todo o âmbito do céu em vinte e quatro horas, os sete astros que se chamam planetas, ou astros errantes, porém, deslocam-se em movimentos variados, um mais veloz, outro mais lento, de modo que as estrelas do firmamento parecem imitar o baixo (para usarmos os nomes vulgares) e os planetas fazem como que um contraponto perpétuo e suavíssimo.

Mas essas coisas estão acima do nosso entendimento e este concerto é tocado apenas para aqueles que, postos no céu, compreendem a razão dos próprios movimentos. E porque as estrelas, conservada a proporção, fazendo voltas sempre em círculo não se cansam, parecem ser virgens honestas que, peritas na arte de dançar, realizam agradabilíssimas danças no céu.

Mas tu, minha alma, eleva-te um pouco mais alto, se puderes, e pelo grande esplendor do sol, pela beleza da lua, pela multidão e variedade das outras luzes, pelo admirável concerto dos céus e pelas agradabilíssimas danças das estrelas, reflete o que será ver a Deus sobre o céu, isto é, o sol que habita em luz inacessível; contemplar aquela Virgem, Rainha do céu, que, bela como a lua, alegra toda a cidade de Deus; olhar os coros e as ordens de muitos milhares de anjos que, mais numerosos e mais brilhantes do que todas as estrelas, adornam o céu dos céus; ver as almas dos homens santos, unidas aos coros dos anjos, como planetas misturados às estrelas do firmamento; e o que será ouvir os cânticos de louvores e ouvir ressoar, com enorme doçura, o perene Aleluia, cantado por uníssonas vozes nas praças daquela cidade.

Assim acontecerá que nem a própria beleza do céu te parecerá grande e julgarás que as coisas que estão debaixo do céu são absolutamente insignificantes, quase nada e, por isso, sem valor e desprezíveis.

Oitavo degrau

Pela consideração da alma racional

Capítulo I

Até agora, temos examinado todas as coisas materiais, procurando, pela consideração das coisas criadas, subir com a mente ao Criador. Ora, acima da dignidade de todas as coisas corporais, encontramos as almas humanas, que se sabe pertencerem ao mais ínfimo grau das substâncias espirituais, e nada nos ocorre que exista entre elas e Deus, senão as hierarquias e as ordens dos anjos.

Na verdade, a alma humana tem tanta semelhança com o Deus criador, que simplesmente não conheço caminho algum pelo qual mais facilmente alguém possa subir para o conhecimento de Deus do que pela consideração da própria alma. Por isso, Deus quis que o homem não tivesse desculpa se, não tendo conhecimento de Deus, com o auxílio do próprio Deus não pudesse facilmente alcançá-lo pelo conhecimento de sua alma.

Em primeiro lugar, a alma do homem é um espírito; de fato, é assim que os Santos Padres explicam aquelas palavras do Gênesis: *O Senhor Deus formou, pois, o homem do barro da terra, e inspirou no seu rosto um sopro de vida* (Gn 2,7), aquelas de Tobias: *Manda que o meu espírito seja recebido em paz* (Tb 3,6), e aquelas do *Eclesiastes*:

O pó volte à terra de onde saiu e o espírito volte para Deus, que o deu (Ecl 12,7).

Contudo, embora o termo espírito se aplique também ao vento, do qual se diz nos salmos: *o espírito das tempestades* (Sl 148,8) e no *Evangelho*: *O espírito sopra onde quer e tu ouves a sua voz* (Jo 3,8), todavia, não há dúvida de que o espírito das tempestades é um corpo muito tênue que, por sua imensa sutileza, mais imita a natureza espiritual do que qualquer outro corpo. A alma humana, porém, é propriamente um espírito, não um corpo; nem é produzido pela matéria, mas é criada por Deus; e a esse respeito, não existe controvérsia alguma entre os católicos.

Por isso, aqui começa a excelência da alma e sua semelhante com Deus. Com efeito, Deus é espírito, conforme abertamente diz o Salvador: *Deus é espírito e os que o adoram devem adorá-lo em espírito e verdade* (Jo 4,24). Contudo, embora Deus seja espírito e a alma humana também seja espírito, todavia, Deus é um espírito incriado e criador e a alma um espírito criado; de onde resulta que há uma distância infinita entre o espírito que é a alma, e o espírito que é Deus.

Por isso, tanto a alma pode alegrar-se de estar incluída no gênero da substância espiritual e ter uma natureza de nobreza mais alta do que o céu e os astros, quanto deve humilhar-se e sujeitar-se ao Deus Criador, pois foi feita do nada e, por si mesma, nada é.

Capítulo II

Além disso, a alma humana, porque é simples espírito, é também imortal; com efeito, não tem em si coisa alguma pela qual possa ser destruída ou morrer. Em relação a isso, porém, pode gloriar-se tanto sobre as almas dos animais irracionais, que se parecem com o corpo, quanto deve honrar e admirar a excelência do seu Criador, que não só é imortal, mas também eterno.

Realmente, houve um tempo em que a alma humana não existia e unicamente por vontade de Deus passou a existir e, embora não tenha em si princípio de corrupção, pela vontade do mesmo Deus pode voltar ao nada. Por isso, com razão, o apóstolo disse de Deus: *O único que possui a imortalidade* (1Tm 6,16), pois é o único que nenhuma força, nenhum acontecimento e nenhuma razão podem destruir, já que ele é o próprio ser, a própria vida e a fonte do ser e da vida.

Capítulo III

Em terceiro lugar, a alma humana é dotada da luz da inteligência: realmente, conhece não só as cores, os sabores, os odores, os sons, o calor, o frio, a dureza, a moleza e outras coisas do gênero, que são percebidas pelos sentidos do corpo, mas também julga sobre a substância, não só individualmente, mas também universalmente, conjetura não só sobre as coisas presentes, mas também sobre as futuras e, discorrendo, transcende os céus, penetra os abismos, pelas causas investiga os efeitos e pelos efeitos retorna às causas; por fim, com a acuidade da mente, chega ao próprio Deus, que habita em luz inacessível, e esta é a luz da qual fala São João, no Evangelho: *Era a luz verdadeira que ilumina todo o homem que vem a este mundo* (Jo 1,9) e Davi nos *Salmos: Gravada está, Senhor, sobre nós a luz do teu rosto* (Sl 4,7) e: *Não queirais ser como o cavalo e o mulo, que não têm entendimento* (Sl 31,9).

Grande é esta dignidade da alma, pela qual o homem é semelhante a Deus, diferente dos animais e, por isso, o homem pode e deve chegar a saber quão grande é a excelência e a sublimidade do Senhor, seu Criador. Com efeito, a alma está provida da luz da inteligência, mas Deus é a luz e a inteligência. A alma passa das causas para os efeitos e dos efeitos, para as causas e, por este discurso, não sem grande esforço, chega à ciência. Deus, com um só e simples olhar, conhece, perfeitamente, todas as coisas ao mesmo tempo. A alma compreende as coisas que existem e, por isso, sua ciência depende das coisas; compreendendo-as, Deus faz que as coisas existam e, por isso, a existência das coisas depende da ciência de Deus. A alma, quanto lhe é possível, faz conjeturas sobre as coisas futuras; Deus percebe claramente todas as coisas futuras com não menor clareza do que as passadas e as presentes. A alma precisa de muitas coisas para exercer a tarefa da inteligência: do objeto, da espécie, da representação e de outras coisas; Deus não precisa de nada, sua própria essência é tudo para Ele e até sua própria essência é sua inteligência.

Finalmente, enquanto está no corpo, a alma não só não vê a Deus, mas nem sequer vê os anjos, nem a si mesma, nem vê, propriamente, substância alguma, embora material; em muitas coisas se engana, a muitas ignora, de muitas tem uma opinião, de pouquíssimas tem uma verdadeira ciência. Deus, porém, nada ignora, de nada tem opinião, nunca se engana, jamais erra, *a seus olhos, todas as coisas estão a nu e a descoberto* (Hb 4,13), como diz o apóstolo na *Carta aos Hebreus*.

Portanto, se o homem considera tanto a sua ciência, da qual o apóstolo diz: *A ciência incha* (1Cor 8,1), quanto deve admirar a ciência do Criador, que em comparação a ela, toda a nossa ciência não é ciência, mas ignorância?

Capítulo IV

Em quarto lugar, na alma humana existe outro tipo de ciência, que não consiste na especulação, mas na ação. Daí existirem tantos livros dos filósofos sobre os vícios e as virtudes, tantas leis dos príncipes, tantos conselhos dos advogados, tantos planos e exercícios para adquirir a arte de bem viver.

Nessas coisas, percebe-se no homem a admirável luz da razão, pela qual somos imensamente superiores aos animais. Porém, tudo isso não é nada diante da lei eterna, que vigora na mente do Criador, da qual, como de uma fonte abundantíssima, brotam todas as leis e todos os direitos, pois, segundo diz São Tiago em sua carta, *há um só legislador e um juiz* (Tg 4,12), que é Deus. Ele é a verdade, a justiça, a sabedoria, pela qual *reinam os reis e os legisladores decretam o que é justo* (Pr 8,14). Por isso, jamais encontrarás a arte de viver bem e felizmente se não fores admitido à escola de Cristo, que é o único verdadeiro Mestre (cf. Mt 23,10) e, por sua palavra e exemplo, não aprenderes aquela justiça que supera a justiça dos escribas e fariseus (cf. Mt 5,20) e eu acrescento dos filósofos, cujo fim é *a caridade nascida de um coração puro, de uma boa consciência e de uma fé não fingida* (1Tm 1,5).

Capítulo V

Em quinto lugar, a alma do homem possui uma terceira espécie de ciência, que consiste em fabricar engenhosamente as coisas.

Por certo, também as aranhas sabem tecer suas teias, as avezinhas construir os ninhos, as abelhas fabricar o mel e as raposas cavar as tocas como se fossem casas; mas estes animais, por algum instinto da natureza, fazem uma só coisa, sempre a mesma e do mesmo modo; a alma humana, porém, dotada de razão e de juízo, descobriu inúmeros artifícios, pelos quais, quer queiram ou quer não, governa e domina todos os animais. E às aves para nada servem as asas, aos peixes, as profundezas das água, aos leões e aos ursos, a extraordinária força, aos cavalos e aos jumentos, a violência, aos veados e às cabras, a agilidade; pois, na verdade, as próprias crianças, com laços, com visco e com redes capturam as aves, com o anzol e as redes os pescadores pegam os peixes; os homens, com seu talento e arte, aprenderam a prender e conduzir leões e ursos em jaulas de ferro, a apanhar com laços os javalis e os veados, ou matá-los com a lança, e a domar os cavalos e os jumentos com o freio e torná-los dóceis a seu acenos.

Que direi da arte de navegar? Que luz genial surgiu na alma humana quando ensinou os enormes navios, carregados de pesos extraordinários, não só a correr com os remos, como se fossem pés, mas também a voar com as velas, como se fossem asas?

Que direi da agricultura? Quem não se surpreende com o engenho do homem se olhar os campos, as vinhas, os pomares, as hortas, as cisternas e os vários canais de águas para irrigar as hortas e umedecer os campos? Que direi da arquitetura? Quem não admira os palácios, os templos, as cidades, as fortalezas, as torres, os anfiteatros, as pirâmides, os obeliscos? Omito as artes da pintura e da escultura, pelas quais, por vezes, exprimem-se tão vivamente, quer pelas cores nos quadros, quer pelo buril no mármore, as imagens dos homens, ou as outras coisas, de maneira que parecem verdadeiras, não pinadas ou esculpidas. Omito as demais artes que foram inventadas pelo engenho humano, quer para a necessidade da vida, quer para a comodidade, quer para o prazer, e que são tantas que não podem ser facilmente enumeradas.

Portanto, minha alma, dê graças a Deus, que quis pôr tanta distância entre a tua natureza e a natureza dos demais animais. Porém, ao mesmo tempo, eleva os olhos da mente ao teu próprio Criador, no qual está a verdadeira fonte da inteligência e da sabedoria que realiza as coisas. Daquela fonte manou todo o engenho que chegou à tua natureza. E se admiras o engenho do homem, que, com inteligência e arte, aprendeu a dominar os animais desprovidos de razão, admira antes a Deus, a quem todas as coisas servem e obedecem, não somente as animadas, mas também as inanimadas.

E se te parecer algo grandioso que o homem tenha encontrado tantas artes de navegar os mares, de cultivar os campos, de fabricar as casas, por que não deve parecer-te maior que Deus, por sua sabedoria, criou o céu, a terra, o mar e todas as coisas que neles existem e que a todas ele governa e dirige? E finalmente, se te espanta a arte de pintar quadros e do mármore tirar imagens quase vivas, por que não ficas espantado com a arte do teu Criador, que, do barro, formou um homem verdadeiro e vivo e de uma costela do homem fez uma mulher verdadeira e viva? Principalmente, se acrescentares que as coisas feitas pelo homem não são feitas sem a cooperação de Deus, mas as que Deus faz, são feitas por Ele sozinho, sem outro cooperador algum.

Capítulo VI

Em sexto lugar, a alma do homem foi dotada de livre-arbítrio da vontade, que ele tem em comum com o próprio Deus e com os anjos e pelo qual é muitíssimo superior às demais coisas criadas. Esta é uma grande nobreza e uma admirável excelência. Mas em Deus, Criador de todas as coisas, a liberdade é tanto maior que, comparada à liberdade da alma, esta parece ser apenas uma sombra daquela.

Primeiramente, a liberdade da vontade humana é fraca, facilmente inclinada a escolher para si o que é mau e nocivo; a liberdade da vontade divina é robustíssima, assim que, de modo algum, pode falhar ou inclinar-se ao mal.

Com efeito, como poder morrer é uma enfermidade do corpo mortal, não poder morrer é a saúde do corpo glorificado. Da mesma forma, poder pecar é uma enfermidade do livre-arbítrio, não poder pecar será a saúde do mesmo arbítrio, quando Deus, na pátria celeste, nos conceder, pela graça, aquilo que Ele sempre possui por natureza.

Depois, o nosso livre-arbítrio é, realmente, livre, para que possa querer e possa não querer, ou também querer e não querer ao mesmo tempo; porém, não é capaz de fazer o que quer, ou não fazer o que não quer, nem sequer em si mesmo, quanto mais nos outros. Ouve o apóstolo que se queixa na *Carta aos Romanos*: *Não faço o bem que quero, mas faço o mal que não quero* (Rm 7,19). E quem entre nós não tem experiência disso?

Quero orar a Deus com toda a atenção e ordeno à minha imaginação que, enquanto estiver orando, nunca se distraia, nem me leve a pensar em outras coisas; porém, não posso mantê-la nesse trabalho, mas quando menos me preocupo com esta coisa, vejo que fui enganado pela imaginação e que, deixada a oração, estou entregue a pensar em outras coisas.

Não quero ter maus pensamentos, nem me irritar além das medidas da razão e, pelo livre-arbítrio, ordeno às faculdades irascíveis e concupiscíveis que estão em mim e que, com razão, devem estar sujeitas à razão, que absolutamente estejam sujeitas ao império da razão e de modo algum se deixem seduzir pelos sentidos do corpo, nem assim fazem o que quero, mas o que não quero.

Mas o que é simplesmente admirável e deplorável é que a alma ordena ao corpo, e este imediatamente obedece; a alma ordena a si mesma e ela resiste: *De onde provém essa monstruosidade*, pergunta Santo Agostinho. *A alma ordena que a mão se mova e a facilidade é tanta que mal se percebe diferença de tempo entre a ordem e o serviço; e a alma é alma, a mão é corpo; a alma ordena que a alma queira e esta não se move e também não o faz. Mas não quer totalmente e, portanto, não ordena totalmente; por isso, não é uma monstruosidade, mas é uma doença da alma, porque, oprimida pelo costume, não surge totalmente, elevada pela verdade* (*Confissões*, Livro 8, cap. 9).

Porém, a liberdade do arbítrio do Senhor Deus está de tal modo unida com o pleno e absoluto poder, que dele está escrito: *Tudo quanto quis, Ele o fez* (Sl 13,3), e *não há quem possa resistir à sua vontade* (Est 13,9; Rm 9,19).

Por isso, minha alma, se fores sábia, não queiras gloriar-te da força do livre-arbítrio, enquanto não tiveres chegado à liberdade da glória dos filhos de Deus, quando o Médico celeste tiver curado todos os teus males e saciado de bens o teu desejo. Por enquanto, porém, geme continuamente e dize com o profeta: *Sê minha ajuda, não me deixes* (Sl 26,9) e repete, não com apatia, nem só por costume, mas com solicitude e de todo o coração, aquilo que repetes mais do que sete vezes por dia: *Ó Deus, vem em meu auxílio; Senhor, apressa-te para me socorrer* (Sl 69,2).

Capítulo VII

Em sétimo lugar, a alma do homem possui uma vontade racional, que não só pode desejar os bens presentes, tanto pessoais, como materiais, que os animais também desejam, mas também os bens ausentes, gerais e espirituais, que nos são mostrados pela fé ou pela razão, e assim, o próprio sumo e infinito bem, que é Deus. E isso é que torna o homem capaz de grandes virtudes e, particularmente, da caridade, a rainha de todas as virtudes.

Os animais irracionais amam, mas com um amor de concupiscência; de fato, desconhecem totalmente o amor de amizade. Tu, porém, alma, foste feita por Deus capaz daquele bem que é fonte de todos os dons e que une de tal modo a Deus, sumo bem, que Ele permanece em ti, e tu nele, isto é, na luminosa e preciosíssima caridade, porque *Deus é caridade, e quem permanece na caridade, permanece em Deus, e Deus nele* (1Jo 4,16).

Mas, se este é um bem tão grande da vontade criada, quão grande será aquele bem, do qual a vontade incriada está cheia? Só a vontade de Deus é capaz de um amor infinito, com o qual é digna de ser amada a infinita bondade de Deus. E esta vontade não necessita de virtudes, nem de ser guiada pelo intelecto, do mesmo modo que, em Deus, a sabedoria e a caridade são uma só coisa.

Capítulo VIII

Em oitavo lugar, a alma humana está no corpo humano, mas de um modo muito diferente daquele em que as almas dos animais irracionais estão nos seus corpos. As almas dos irracionais são materiais e abrangem o corpo em toda a extensão, de maneira que uma parte da alma estava numa parte do corpo e toda a alma está em todo o corpo.

Mas a alma humana, porque é espírito indivisível, de modo admirável está toda em todo o corpo e toda em cada uma das partes; e por estar em todo o corpo, no corpo não ocupa lugar algum; e quando o corpo cresce, a alma não cresce, mas começa a estar onde antes não estava; e se um membro é cortado, ou seca, a alma não diminui, nem seca, mas deixa de estar naquele membro onde antes estava, sem qualquer lesão ou mutilação sua.

Este é um verdadeiro espelho da existência de Deus nas coisas criadas. Com efeito, Deus é um espírito indivisível e, todavia, Ele enche o mundo todo e todas as suas partes, e não ocupa lugar algum, está todo em todo o mundo e todo em cada parte do mundo; e quando uma nova criatura é produzida, Deus começa a estar nela e, todavia, não se move; e se, por acaso, uma criatura é destruída, ou morre, Deus não é destruído, nem morre, mas deixa de estar nela e, contudo, não muda de lugar. Por isso, nestas coisas, Deus e a alma se parecem; em muitos aspectos, porém, como é conveniente, Deus é infinitamente superior.

Na verdade, para estar no corpo, para dirigi-lo e movê-lo, a alma tem necessidade de se tornar forma do corpo, e que se una a ele de tal modo que da alma e do corpo se forme um só homem. Deus não precisa tornar-se forma ou alma do mundo, nem que dele e do mundo se faça uma só substância composta; mas, por sua imensidade tem a propriedade de estar em todo o lugar; por sua indivisível unidade, de estar todo em todo o lugar; por sua onipotência, de tudo governar, tudo sustentar e tudo movimentar.

Além disso, embora se diga que a alma está em todo o corpo, todavia, propriamente, não está senão nas partes vivas, ou animadas; por isso, não está nos humores, nos cabelos, nas unhas e nos membros secos ou mortos. Deus está absolutamente em todas as coisas, não só nas materiais, mas também nas espirituais, e não pode acontecer que exista alguma coisa na qual Deus não esteja.

Além disso, a alma não está senão no seu corpo, embora muito exíguo e pequeno, no qual todas as partes estão ligadas entre si; mas se uma parte se separar das outras, a alma não poderia estar nela; Deus, porém, está todo nesse universo de coisas e embora este universo seja imenso, e suas partes não estejam ligadas, embora sejam contíguas e se mais outros mundos fossem criados, em todos eles Deus estaria. Por isso, está escrito: *O Céu e os Céus dos céus não podem te conter* (2Cr 6,18).

Porque, se existissem outros céus e outra terra, Ele em todos estaria; e se de novo, novos céus e novas terras se multiplicassem sem fim, a todos encheria; e onde Ele não estivesse, absolutamente nada existiria.

Capítulo IX

Em nono lugar, a alma do homem, além das coisas que dissemos, tem em si, embora de maneira obscura, também a imagem da diviníssima Trindade, quer porque tem a memória segunda, a força de compreender e de amar, quer também porque, compreendendo, a mente forma alguma palavra sua e da mente e da palavra procede o amor, porque aquilo que é conhecido pela mente e é representado pela palavra como bom, imediatamente é amado e desejado pela vontade.

Entretanto, de modo infinitamente mais elevado e mais divino, Deus Pai gera o Deus Verbo, e do Pai e do Verbo procede o Deus Espírito Santo, que é o amor vivo e a fonte viva de todo o casto amor. E por causa disso, o mistério da Trindade supera a faculdade natural do saber e nenhum filósofo, por mais douto, pode chegar ao seu conhecimento sem uma luz sobrenatural.

Na verdade, a alma do homem produz a palavra e o amor, que não são substâncias, mas acidentes e, por isso, não são pessoas; mas Deus Pai gera o Verbo, que lhe é consubstancial, e do Pai e do Verbo procede o Espírito Santo, igualmente consubstancial a ambos, de modo que, com razão, o Pai, o Filho e o Espírito Santo são chamadas três pessoas.

Além disso, a alma humana produz uma palavra, que não permanece muito tempo; a vontade produz um amor, que não dura muito. Deus Pai, porém, gera o Verbo eterno e do Pai e do Verbo procede o Espírito Santo eterno e, com efeito, Deus não pode ser sem o Verbo e sem o Espírito Santo.

Por fim, a alma humana, com uma palavra exprime uma só coisa e, por isso, multiplica as palavras não só pela mente, mas também pela boca; e a vontade humana deve produzir muitos atos de amor, se quiser amar muitas coisas. Deus, porém, com uma só palavra diz todas as coisas verdadeiras e com um único ato de amor ama todas as coisas boas.

Capítulo X

Finalmente, a alma humana tem também a propriedade de, enquanto está no corpo, embora não seja vista, nem ouvida, nem se mova, e apenas se saiba que está presente nele e que nada pareça faltar ao corpo quando dele se separar, todavia é ela que dá ao corpo todos os bens, os sentidos, os movimentos, a fala, a subsistência, a beleza, a força. Afinal, por que enquanto vive, o homem vê, ouve, fala, caminha, subsiste, é forte, belo e amável, senão porque a alma está nele? E por que, depois da morte, não vê, não ouve, não fala, não se move, mas jaz desfigurado, inútil e desagradável, senão porque a alma, da qual provinham aqueles bens, se afastou?

Assim o teu Deus, ó alma, enquanto por sua graça vive em ti, faz que vejas as coisas que a fé te mostra, que ouças o que o Senhor te diz, que andes para a Jerusalém celeste pelo caminho dos mandamentos, que fales a Deus na oração e ao próximo na santa exortação, que continues perseverando nas boas obras, que sejas forte no combate contra os inimigos invisíveis, que sejas belo aos olhos invisíveis de Deus e de seus anjos.

Cuida, porém, que, faltando a graça de Deus, que é a vida da tua alma, não experimentes os danos que a primeira morte traz consigo e sejas arrastada para a segunda morte, da qual não se concede ressurreição alguma.

Ah! Se o Senhor te abrir os olhos da mente e puderes contemplar a grande beleza e o enorme esplendor de que é dotada a alma que agrada a Deus e que a Ele está unida pela verdadeira caridade e com que olhos Deus a contempla, que lugar lhe prepara, que alegrias lhe promete e com quanto desejo a esperam os anjos e os outros espíritos bem-aventurados, certamente não poderias suportar que tanta beleza fosse manchada por alguma mínima mancha; e se isso, por acaso, acontecer, procurarias, ao menos, que aquelas manchas, embora pequenas, fossem lavadas por rios de lágrimas.

Certamente, é isso que São Boaventura relata de São Francisco, que vendo não poder seguir sem mancha alguma o Cordeiro imaculado, procurou ao menos, com abundantes e diárias lágrimas, purificar a alma e apagar todas as manchas, embora fossem levíssimas.

Entretanto, se pela mesma graça de Deus se abrissem os olhos interiores, e pudesses observar quanta é a feiura da alma pecadora, o insuportável mau cheio, quase de cadáver putrefato, que exala, como Deus e os santos anjos fogem ao vê-la, embora, talvez, habite num corpo belo e bem vestido, muito agradável aos olhos dos homens, sem dúvida alguma, terias tanto horror que, de modo algum, tolerarias tornar-te semelhante, ou permanecer mais tempo naquele estado.

Nono degrau

Pela consideração dos anjos

Capítulo I

Chegamos ao mais alto degrau da elevação para Deus, pelas considerações que se podem fazer a partir das substâncias criadas, pois não foi criada nenhuma substância que seja mais sublime do que a Angélica, se falarmos apenas da perfeição natural.

Por isso, em primeiro lugar, consideraremos os anjos quanto à excelência de sua natureza; depois, quanto à sublimidade da graça; e, por fim, quanto aos ofícios que desempenham. E não temos a intenção de tratar de toda a questão dos anjos, mas tomar somente aquilo que nos possa ajudar a elevar a mente para Deus. Por isso, se o compararmos com a alma racional e humana, com bastante acerto o anjo pode ser chamado de alma perfeita, da mesma forma que a alma humana pode ser chamada de anjo imperfeito.

Com efeito, com relação à alma, o profeta fala assim do homem: *Tu o fizeste pouco inferior aos anjos* (Sl 8,6). De fato, o anjo é uma substância espiritual íntegra e perfeita; a alma humana é incompleta e imperfeita, porque é a forma do corpo e, por isso, é parte do homem. Assim, o anjo é todo espírito, e o homem em parte é espírito e em parte carne; ou, em parte anjo e em parte animal, de modo que alguém poderia dizer que o anjo é todo de ouro, e o homem em parte de ouro e em parte de barro. Então, é verdade o que o profeta diz, que o homem é pouco inferior aos anjos, e também é verdade que a alma humana, por ser parte do homem, é pouco inferior ao anjo. Daí segue-se que o anjo é mais semelhante a Deus do que o homem ou sua alma, porque Deus é espírito, não corpo, nem forma do corpo.

Todavia, essa maior semelhança do anjo com Deus não faz que Deus não seja um espírito infinitamente elevado em dignidade acima da sublimidade angélica; afinal, Deus é espírito incriado, eterno, imenso, o único poderoso, o único sábio, o único bom, o único altíssimo.

Por isso, minha alma, se confessas que, merecidamente, deves olhar e admirar a natureza angélica, quanto mais deves olhar e admirar a natureza divina, que supera a dignidade angélica acima de qualquer modo e de qualquer medida.

Capítulo II

Mas não somente por sua natureza ou por sua substância o anjo pode ser chamado de homem perfeito, e o homem, de anjo imperfeito; mas também quanto à inteligência e quanto à ciência. Na verdade, o homem, ou a alma humana, esforça-se muito para compreender as coisas, pois é necessário usar o auxílio dos sentidos e passar dos efeitos para as causas e das causas para os efeitos, a fim de, aos poucos, adquirir a ciência; e daí, muitas vezes, também fica em dúvida, muitas vezes se engana miseravelmente, e raramente chega à verdadeira compreensão. O anjo, porém, vê a coisa com um único olhar e, ao mesmo tempo, distingue as causas e os efeitos, e não só penetra os acidentes, mas também a própria substância, nem vê apenas as coisas materiais, mas também as espirituais. E assim, enquanto peregrina nesta terra, no que se refere à inteligência, o homem não só é pouco inferior aos anjos, mas é tão inferior que, embora goze de inteligência e, pelo estudo, adquira a sabedoria, se for comparado ao anjo, com razão, pode ser chamado de criança ou de criança de peito. Pois não é errado o que o profeta canta de nós mortais: *Fizeste sair da boca dos meninos e dos que ainda mamam um louvor perfeito* (Sl 8,3).

Ouve o juízo que o sapientíssimo Salomão faz da nossa ciência, de que tanto nos orgulhamos: *Todas as coisas são difíceis; o homem não pode explicá-las com palavras* (Ecl 1,8), e de novo: (Deus) *Entregou o mundo às suas disputas, sem que o homem possa conhecer as obras que Deus fez desde o princípio até o fim* (Ecl 3,11).

Ora, se todas as coisas são difíceis e inexplicáveis pelo homem, e se, deste mundo visível, o homem nada compreende desde a primeira coisa criada até a última, se nada, repito, compreende perfeitamente, de modo que consiga explicar sua natureza, suas propriedades, suas particularidades, suas forças e todas as demais qualidades que nelas estão ocultas, em quantos erros envolver-se-á se tentar investigar as coisas que estão acima dos céus?

Por isso, alma, se fores sábia, segue a ciência da salvação e a sabedoria dos Santos, que consiste em temer a Deus e observar seus preceitos; agrade-te mais a oração, do que a discussão, a caridade que edifica, do que a ciência que incha, pois este é o caminho que conduz à vida e ao Reino dos Céus, onde a nós, pequenos, será dada a igualdade dos anjos, que sempre veem a face do Pai, que está nos céus (cf. Mt 18,10).

Capítulo III

Existe ainda um terceiro aspecto, segundo o qual, a alma humana não é apenas pouco inferior, mas muitíssimo inferior ao anjo. E é, exatamente, o poder e o domínio sobre os corpos. De fato, pelo poder da vontade, a alma humana só pode mover seu corpo; não pode mover os outros corpos dessa maneira e move seu corpo com um movimento progressivo sobre a terra, mas não pode suspendê-lo sobre a água, ou elevá-lo sobre o ar ou levá-lo para onde quiser; os anjos, porém, por um simples impulso do espírito, isto é, pelo poder da vontade, levam para cima corpos pesados e os transportam para onde quiserem.

Assim, um só anjo raptou Habacuc e, em brevíssimo espaço de tempo, transportou-o para a Babilônia, para levar a refeição a Daniel, e reconduziu-o para a Palestina (cf. Dn 14,35-38).

Além disso, o homem não pode combater com os inimigos somente com o espírito, mas necessita de mãos e de armas; o anjo, porém, sem mãos e sem armas, só com a força do seu espírito pode lutar contra todo um exército de homens armados, e vencer. Assim, uma vez, um único anjo matou cento e oitenta e cinco mil Assírios (cf. 2Rs 19,35). E se um anjo pode fazer isso, o que poderá fazer o Criador e Senhor dos anjos? E aquele que do nada fez todas as coisas, certamente pode reduzi-las todas ao nada.

O espírito humano, pela arte de pintar e de esculpir, não sem talento e esforço, pode também fazer imagens de homens, que representam homens vivos e parecem respirar e viver; mas os anjos, sem esforço, sem mãos e instrumentos, quase no mesmo instante, com os elementos podem adaptar a si um corpo, de tal forma que homens capazes julgam ser um corpo humano, isto é, que ande, fale, coma, beba e que possa ser tocado, palpado e também lavado. Assim, Abraão preparou uma refeição para os anjos e lavou-lhes os pés (cf. Gn 18,1-8), porque recebeu anjos como hóspedes, crendo estar recebendo homens (cf. Hb 13,2). A mesma coisa aconteceu a seu sobrinho Lot, quando recebeu em sua casa dois anjos como se fossem homens peregrinos (cf. Gn 19,1-3). E assim o Anjo Rafael esteve muitos dias com o jovem Tobias, caminhando, falando, comendo e bebendo como se fosse um verdadeiro homem e, todavia, ao se despedir ele próprio disse: *Na verdade, parecia-me que eu comia e bebia convosco, mas eu me sustento de um manjar invisível, de uma bebida que não pode ser vista pelos homens* (Tb 12,19) e de repente desapareceu aos seus olhos.

Realmente, é uma grande e admirável força poder formar, de repente, um corpo que em nada pareça ser diferente de um corpo humano e vivo e ele próprio, quando quiser, de repente, o dissolve, para que dele não apareça vestígio algum. Ora, se tanto e tão admirável é o poder dos anjos, quanto será o poder do Criador dos anjos, que os criou, e lhes atribuiu o poder que quis?

Portanto, assim como a ciência dos anjos e a nossa comparada com a ciência de Deus é, absolutamente, ignorância e assim como a justiça dos anjos e a nossa comparada com a justiça de Deus é injustiça, da mesma forma, todo o poder dos anjos e o nosso comparado com o poder de Deus é fraqueza. Por isso, diz-se, verdadeiramente, que só o nosso Deus é sábio, só Ele é bom, só Ele é poderoso (cf. Rm 16,27; Lc 18,19; 1Tm 6,15).

Capítulo IV

Finalmente, se considerarmos o lugar dos anjos e dos homens, encontraremos que o homem, ou seja, a sua alma, não é pouco inferior, mas, precisamente, muito inferior ao anjo (com prazer, uso o termo usado pelo apóstolo – cf. Hb 2,7). Com efeito, à alma humana Deus deu um lugar na terra, aos anjos, no céu, isto é, no seu palácio: *O mais alto dos Céus é para o Senhor; a terra, porém, deu-a aos filhos dos homens* (Sl 113,16). Por isso, em Mateus, o Senhor os chamou anjos dos céus (cf. Mt 24,36), e em Lucas diz: *Haverá mais júbilo no céu por um pecador que fizer penitência* (Lc 15,7), e pouco depois: *Haverá júbilo entre os anjos de Deus por um só pecador que faça penitência* (Lc 15,10).

Além disso, Deus ligou de tal modo a alma ao corpo, que sem ele não possa mudar de lugar; mas Deus não ligou os anjos a corpo algum e deu-lhes o poder de passarem, com extrema rapidez, do céu à terra e da terra ao céu ou para onde quiserem. Assim, o anjo, próximo a Deus por dignidade de natureza, de algum modo ainda, com sua sutileza, imita a onipresença de Deus.

De fato, Deus está sempre em toda a parte pela imensidade da natureza e não precisa mudar de lugar, pois está em toda a parte; o anjo, pela rapidez do movimento, passa tão facilmente de um lugar para outro e mostra a sua presença em todos os lugares que, de certo modo, parece estar em toda a parte.

Mas tu, minha alma, se quiseres ouvir o Senhor dos anjos, não haverá motivo de teres inveja, tanto do sublime lugar dos anjos, quanto do seu velocíssimo movimento sem cansaço. Pois tu, alma, quando fores desligada do corpo, não só serás igual aos anjos, mas quando voltares ao corpo que Cristo tornará semelhante ao corpo de sua caridade (cf. Fl 3,21), com o próprio corpo possuirás o céu como a casa própria, e o mesmo corpo, tornado espiritual (cf. 1Cor 15,44), sem esforço ou cansaço, estará imediatamente lá onde tu, sua alma, quiseres e ordenares.

Não te engana o teu Senhor, que diz no *Evangelho*: *Na casa do meu Pai há muitas moradas*. E: *Vou preparar o lugar para vós, e depois que eu tiver ido e vos tiver preparado o lugar, virei novamente e tomar-vos-ei comigo, para que, onde eu estiver, estejais vós também* (Jo 14,2-3). E: *Pai, quero que onde eu estou, estejam também comigo aqueles que me deste, para que vejam a minha glória, a glória que me deste* (Jo 17,24).

De fato, não ignoras onde está Cristo e que corpo Ele tem, pois diariamente confessas e dizes: *Ao terceiro dia ressuscitou dos mortos e subiu aos céus*; e sabes que, depois da ressurreição, seu corpo costumava entrar onde estavam os discípulos estando as portas fechadas (cf. Jo 20,19; Lc 24,36-38) e quando Ele partia, não era andando, mas costumava retirar-se desaparecendo, isto é, costumava transportar seu corpo de um lugar para outro em movimento tão rápido, como se fosse um espírito e não um corpo.

Mas se aspiras chegar a esta glória, é necessário, primeiramente, que tornes o teu corpo semelhante ao corpo da humildade de Cristo, pois assim acontecerá que Cristo assemelhe teu corpo ao corpo de sua claridade.

Depois, é preciso que sigas os seus passos, pois, como diz o Apóstolo Pedro *Cristo também sofreu por nós, deixando-nos o exemplo para seguirmos suas pisadas* (1Pd 2,21). E quais são suas pisadas? Pedro diz: *Ele não cometeu pecado, nem se encontrou engano em sua boca, mas quando o injuriavam, não injuriava e quando padecia, não ameaçava* (1Pd 2,22-23). Duas são as pisadas de Cristo e se delas te afastares, erraste o caminho e nunca chegarás à Pátria. É preciso não fazer o mal, mas suportá-lo, e como consequência, fazer o bem, e dele não esperar a recompensa. E o que é ainda maior do que isso tudo, é preciso amar o próximo por causa de Deus, com amor verdadeiro e pura amizade, não por concupiscência, mas gratuitamente e não por causa da retribuição do homem, contente com a retribuição de Deus, que supera toda a medida.

Capítulo V

Consideremos agora a dignidade dos anjos segundo a graça. Nisso também o homem é verdadeiramente inferior e mais do que um pouco inferior aos anjos.

Na verdade, no início, Deus criou os anjos de tal maneira que, ao mesmo tempo, formou neles a natureza e infundiu a graça, como testemunha Santo Agostinho nos livros de *A Cidade de Deus* (cf. *A Cidade de Deus*, Livro 12, cap. 19). Depois, logo que com o primeiro olhar da mente para Deus uniram-se a Ele pela caridade, tendo caído os réprobos, foram coroados com a bem-aventurança e a glória. Por isso, sua peregrinação foi brevíssima e sua permanência na pátria foi eterna, se deve ser chamado de peregrinação aquele brevíssimo intervalo que decorreu entre a criação e a beatificação.

Também nós homens, certamente, recebemos na criação a graça com a natureza, mas no primeiro pai, não em nós; e assim, tendo ele caído, todos caímos, *no qual*, como diz o apóstolo, *todos pecaram* (Rm 5,12). Contudo, embora por Jesus Cristo, mediador entre Deus e os homens, tenhamos sido reconciliados com Deus, somos condenados a um constante exílio e, enquanto estamos no corpo, peregrinamos longe do Senhor (cf. 2Cor 5,6), pois caminhamos guiados pela fé e não pela visão. E o que muito entristece os homens piedosos e os que desejam a pátria, é que enquanto permanecemos entre inimigos ferocíssimos e existe o perigo de sermos enganados e presos por eles, enfim percamos a posse de dulcíssima Pátria.

Daí brotam estas palavras: *Ai de mim! O meu desterro prolongou-se, habitei com os habitantes de Cedar. Muito tempo andou peregrinando a minha alma* (Sl 119,5-6). Todavia, embora nisso sejamos menores do que os anjos, a benignidade de Deus consola maravilhosamente a nós homens, quer porque colocou no Reino dos Céus acima de todos os anjos um homem e uma mulher, Cristo e Maria, que pertencem ao nosso gênero; quer porque quis que não poucos homens, embora inferiores a todos os anjos pelos dotes da natureza, fossem superiores a muitos anjos pelo dom da graça, e alguns até fossem igualados aos mais sublimes.

Certamente, São João Crisóstomo, na exposição da Carta aos Romanos, não duvidou em colocar os príncipes dos apóstolos Pedro e Paulo no lugar onde os serafins voam e glorificam a Deus e o mesmo podemos piedosamente crer de São João Batista e de alguns outros (cf. *Hom. 32, in Epist. Rom.*).

Acrescenta que, depois do primeiro merecimento, os anjos bons chegaram à glória, e que também os anjos maus, depois do primeiro pecado, foram condenados ao suplício eterno. Por esse motivo, os homens não devem queixar-se do caminho mais longo, pois nele podem muitas e muitas vezes corrigir suas faltas e, por meio da penitência, chegar ao perdão.

Capítulo VI

Agora, resta-nos dizer poucas coisas sobre os ofícios dos anjos. Os ofícios dos anjos são cinco.

O primeiro, consiste em cantar perpetuamente os louvores e os hinos ao Criador. E para compreendermos em quanta estima Deus tem esse ministério, deve-se considerar que para este ofício são destinados os anjos mais altos, que, como se entoassem os cantos, são acompanhados com vozes harmoniosas e com incrível júbilo por todos os coros dos anjos.

Ouve o que diz Isaías: *Vi o Senhor sentado sobre um alto e elevado trono e as franjas do seu vestido enchiam o templo. Os serafins estavam por cima do trono; cada um deles tinha seis asas: com duas cobriam sua face, com duas cobriam os pés e com duas voavam. E clamavam um para o outro e diziam: Santo, Santo, Santo é o Senhor Deus dos exércitos, toda a terra está cheia de sua glória* (Is 6,1-3).

Ouve aqui o nome dos serafins que são os príncipes da suprema ordem: tu os verás cobrirem a face e os pés, o que é sinal de reverência, como se não ousassem fixar a face de Deus, ou tocá-lo com os pés nus; tu os verás voarem assiduamente enquanto cantam, o que representa o afeto e o desejo de se aproximarem sempre mais de Deus.

Essas duas coisas são necessárias àqueles que querem agradar a Deus, enquanto cantam seus louvores, ou seja, que unam o amor à reverência e a reverência ao amor; e isso é expresso também pelo Profeta Davi, quando diz: *Servi o Senhor com temor, e alegrai-vos nele com tremor* (Sl 2,11).

Aprende, pois, minha alma, de quanta veneração Deus é digno, se os supremos príncipes do céu, que sempre o assistem e sempre veem a sua face e, por seu tão excelso grau, ou por tão longa familiaridade, jamais ousam negligenciar o temor e a reverencia, enquanto cantam seus louvores.

E o que responderás tu, pó e cinza, quando, no juízo, fores acusada de sonolência ou distração em ação tão divina, para o qual não eras digna de ser chamada? Instruída por tão grande exemplo, no futuro aprende ao menos a cantar ao teu Deus os devidos louvores e hinos com temor e tremor, com atenção e vigilância, com amor e desejo.

O segundo ofício dos anjos é o de apresentar a Deus as orações dos mortais e também recomendá-las à sua aprovação. Com efeito, assim fala o Anjo Rafael no livro de Tobias: *Quando tu oravas com lágrimas e sepultavas os mortos e deixavas o teu jantar ... eu apresentei tua oração ao Senhor* (Tb 12,12), e, no *Apocalipse*, João viu o anjo que estava de pé diante do altar com um turíbulo de ouro: *E foram-lhe dados,* diz ele*, muitos perfumes, para dá-los com as orações de todos os Santos sobre o altar de ouro, que está diante do trono de Deus* (Ap 8,3).

Na verdade, aqui se revela a incrível clemência e a misericórdia do nosso Deus, pois não se contentou em nos exortar a orar e a pedir, primeiro por seus profetas, depois por seu Filho e por seus apóstolos, mas também acrescentou a promessa de dar o que pedíssemos. *Pedi*, diz, *e vos será dado* (Lc 11,9), e em outro lugar: *Se pedirdes a meu Pai alguma coisa em meu nome, Ele vo-la dará* (Jo 16,23). E não contente com essa promessa, acrescentou que daria uma recompensa aos que pedirem: *Tu, porém*, diz, *quando orares, entra no teu quarto e, fechada a porta, ora a teu Pai em segredo; e teu Pai, que vê em segredo, dar-te-á a recompensa* (M 6,6), isto é, uma recompensa, além daquilo que pediste. Assim também sobre a esmola e o jejum, no mesmo lugar, o Senhor diz: *E teu Pai, que vê em segredo, pagar-te-á* (Mt 6,4.18).

Mas não contente com a prova da piedade paterna, Deus constituiu os anjos, quase como seus servos íntimos, para cuidar das orações, como se fossem lembranças dos pobres, e apresentá-las e lê-las ao seu olhar, para que absolutamente nenhum pedido dos pobres caísse no esquecimento.

Quem, dentre os príncipes terrenos, jamais prometeu uma recompensa aos que a eles recorressem, pedindo um favor ou justiça? E, todavia, aqueles que vêm aos príncipes da terra são homens, como também os próprios príncipes são homens, formados do mesmo barro e sujeitos ao mesmo sumo príncipe, Deus. Mas se é pesado dar uma recompensa aos que a pedem, certamente, não deveria ser penoso recebê-los de boa vontade e designar um fiel servo para guardar com diligência os pedidos escritos dos súditos, apresentá-los e, com solicitude, expedi-los o mais rapidamente possível.

O terceiro ofício dos anjos consiste em serem enviados como Legados, para fazer compreender as coisas que Deus quer anunciar e, sobretudo, para os assuntos da redenção e da salvação eterna. De fato, assim fala o apóstolo aos Hebreus: *Porventura, não são todos esses espíritos seus ministros enviados para exercer o seu ministério em favor daqueles que hão de receber a herança da salvação?* (Hb 1,14). Assim, em vários lugares do Antigo Testamento, vemos que os anjos apareceram aos patriarcas e profetas e lhes manifestavam as coisas que Deus mandava anunciar. Da mesma forma, também lemos no Novo Testamento que o Arcanjo Gabriel foi enviado como mensageiro a Zacarias e à Virgem Mãe de Deus (cf. Lc 1,11.26-27); depois, os anjos foram enviados também aos pastores (cf. Lc 2,9.13), a São José (cf. Mt 1,20; 2,13) e, após a ressurreição do Senhor, às mulheres que estavam no sepulcro (cf. Mt 28,2-5), e depois da ascensão, a todos os discípulos (cf. At 1,10-11).

Mas o motivo pelo qual Deus, que está em toda a parte e por si mesmo pode, facilmente, falar ao coração dos homens, quer enviar anjos, parece ser que os homens entendam que Deus tem cuidado das coisas humanas e que todas as coisas são governadas e dirigidas por Ele. Além disso, os homens poderiam facilmente persuadir-se de que as inspirações divinas são raciocínios ou conselhos seus; mas quando veem ou ouvem que anjos são mandados por Deus e que aquilo que é predito pelos anjos acontece como eles disseram, não podem duvidar de que a providência de Deus governa as coisas humanas e que Ele dirige e dispõe, sobretudo, as coisas que se referem à salvação eterna dos eleitos.

O quarto ofício dos anjos é a proteção dos homens, quer individualmente, quer em conjunto. Ora, aprouve à piedade de Deus, nosso Pai, confiar a seus poderosíssimos servos a fraqueza dos mortais e protegê-los como os pedagogos às crianças, os tutores aos pequenos, os defensores a seus clientes, os pastores às ovelhas, os médicos aos doentes, os defensores aos protegidos, os protetores aos que não conseguem defender-se senão refugiando-se sob as asas dos mais poderosos.

Davi é testemunha da proteção e da guarda de cada um dos homens: *Mandou aos seus anjos acerca de ti, que te guardem em todos os teus caminhos* (Sl 90,11); é testemunha também, e fidelíssimo, o próprio Cristo: *Vede, não desprezeis algum destes pequeninos, pois eu vos declaro que os seus anjos nos céus veem sempre a face de meu Pai, que está nos céus* (Mt 18,10).

Quanto aos protetores das províncias e dos reinos, é testemunha Daniel que, ao anjo protetor do reino dos persas, chama rei dos persas; ao protetor do reino dos gregos dá o nome de rei dos gregos; ao protetor dos filhos de Israel chama pelo nome de Miguel (cf. Dn 10,20-21). Enfim, sobre os protetores das igrejas, escreve João no *Apocalipse*, onde menciona o anjo da Igreja de Éfeso, o anjo da Igreja de Esmirna e, da mesma forma, os outros (cf. Ap 2,1-3,20). Por isso, em cada reino há dois reis: um visível, homem; outro invisível, anjo. Em cada Igreja, dois são os bispos: um visível, homem; outro invisível, anjo. Na Igreja Católica universal há dois sumos pontífices estabelecidos por Cristo Senhor: um visível, homem; outro invisível, anjo, que cremos ser o Arcanjo Miguel, venerado primeiro como protetor da sinagoga dos judeus e agora como protetor da igreja dos cristãos.

Então, alma, vês quão solícita é aquela Majestade que não precisa de nossos bens, nem de nós seus servozinhos? O que pôde fazer para mostrar seu grande amor, e não o fez? Cumulou-nos de benefícios para que, de boa vontade permanecêssemos junto a Ele; colocou guardas para que não fugíssemos; cercou-se de protetores, a fim de não sermos levados à força. O que faria Ele se fôssemos o tesouro daquele que, na verdade, é nosso grande e único Tesouro?

Portanto, minha alma, cede enfim ao amor e, vencida pelo amor de tão grande amante, consagra-te totalmente, sem reserva alguma, e entrega-te como dom irrevogável, sob juramento e voto, à sua obediência e vontade; que nada do que vês te seduza; pensa, porém, nas coisas invisíveis e suspira por elas. *Pois as coisas que se veem são temporais, mas as que não se veem são eternas* (2Cor 4,18).

O último ofício dos anjos é que sejam também soldados ou chefes armados para *exercerem a vingança entre as nações e o castigo entre os povos* (Sl 149,7). Os anjos são aqueles que, com o fogo e o enxofre, queimaram as cidades infames (cf. Gn 19,24); que mataram todos os primogênitos do Egito (cf. Ex 12,29), que prostraram muitos milhares de assírios com um só golpe (cf. 2Rs 19,35). Serão os anjos que, no último dia, separarão os maus do meio dos justos *e lançá-los-ão na fornalha de fogo* (Mt 13,41-42).

Portanto, os homens piedosos amem os seus concidadãos, os santos anjos; tremam os ímpios diante do poder dos anjos, ministros da ira do Deus onipotente, de cujas mãos ninguém poderá livrá-los.

Décimo degrau

Pela consideração da essência de Deus e à semelhança da grandeza dos corpos

Capítulo I

Elevamo-nos, quanto pudemos, pela consideração das substâncias criadas; todavia, ainda não alcançamos o conhecimento de Deus, ao qual se pode chegar pelo raciocínio neste vale de lágrimas. Por isso, resta-nos ver se, pelas dimensões da quantidade corporal que conhecemos, podemos elevar-nos à largura e ao comprimento, à altura e à profundidade da invisível essência de Deus. Pois, entre as criaturas, são consideradas grandes aquelas que têm grandes quatro dimensões. Mas, nos salmos e em outras partes, diz-se que Deus é grande e que sua grandeza não tem limite algum (cf. Sl 47,2).

Certamente, São Bernardo, exímio observador, serviu-se destas dimensões como degrau para conhecer a Deus, nos livros que escreveu sobre a consideração ao Papa Eugênio. E não foi ele o primeiro a inventar uma escada desse gênero, mas aprendeu esse modo de elevar-se do apóstolo que penetrou no terceiro céu, o Paraíso, pois assim diz o apóstolo na *Carta aos Efésios*: *Para que possais compreender com todos os Santos qual seja a largura e o comprimento, a altura e a profundidade* (Ef 3,18).

Pois se alguém refletir atentamente, achará realmente que nada fora de Deus é pleno e sólido, mas tudo é estreito, breve, humilde, vazio ou superficial; em Deus, ao contrário, está a verdadeira largura, a imensidade; o verdadeiro comprimento, a eternidade; a verdadeira altura, a sublimidade da natureza; a verdadeira profundidade sem fundo, a incompreensibilidade; e de novo a verdadeira altura, a onipotência; a verdadeira profundidade, a infinita sabedoria; a verdadeira largura, a pleníssima entranha de misericórdia; o verdadeiro comprimento, o julgamento rigoroso, isto é, a plena e perfeita justiça.

Mas se alguém quiser elevar-se e encontrar aquilo que procura, não basta ocupar-se levemente destas considerações, mas é preciso compreender inteiramente, como diz o apóstolo: *Para que possais compreender com todos os Santos qual seja a largura e o comprimento, a altura e a profundidade.* Compreende, realmente, essas coisas, aquele que, meditando muito atentamente, persuade-se de que a coisa é, de fato, assim; e fica de tal modo persuadido disso que, tendo vendido todas as coisas, apressa-se a comprar o tesouro encontrado. Por isso, o apóstolo acrescentou: *com todos os Santos,* porque somente os Santos compreendem perfeitamente essas coisas ou ninguém compreende, como é necessário, se não se tornar santo.

Nem o que dissemos se opõe àquilo que Santo Agostinho escreve na *Carta a Honorato,* quando afirma que o apóstolo pinta a cruz de Cristo ao descrever a largura, o comprimento, a altura e a profundidade (cf. Carta 120, cap. 26). Pois (como ele próprio ensina), faz parte da largura o madeiro transversal, onde estavam pregadas as mãos do crucificado; do comprimento o madeiro mais longo, ao qual se apoiava o corpo do crucificado; da altura o madeiro colocado sobre a cruz, no qual estava a inscrição; da profundidade a parte do madeiro que estava fixada ao chão. Santo Agostinho, repito, não diverge da nossa intenção, antes confirma-a admiravelmente, porque a cruz de Cristo é o caminho para alcançar a verdadeira largura, o verdadeiro comprimento, a verdadeira altura e a verdadeira profundidade.

Com efeito, embora, aos olhos dos homens, a cruz pareça estreita, curta, baixa e pouco profunda, na verdade, porém, estende seus braços do oriente ao ocidente, do norte ao sul, isto é, difunde por toda a parte sua glória, mediante a pregação apostólica; e elevou o seu cimo até o mais alto do céu, abrindo-o aos eleitos como se fosse uma chave, e penetrou até a profundeza do inferno, que fechou para sempre a esses mesmos eleitos.

Capítulo II

Iniciemos pela essência e continuaremos, depois, pelos atributos. Com razão, pode-se dizer que a essência de Deus é larguíssima por muitas maneiras.

Em primeiro lugar é larguíssima em si e, realmente, imensa, porque abrange todas as perfeições das coisas criadas e, também, daquelas que poderiam ser criadas e ainda de inúmeras outras. De fato, aquilo que foi feito, que será feito ou que pode ser feito, sem dúvida alguma, encontra-se em Deus pela razão e no modo mais excelente.

Por isso, as demais coisas são boas com um acréscimo, isto é, um bom homem, um bom cavalo, uma boa casa, uma boa roupa e assim por diante. Deus, porém, é todo o bem, pois, a Moisés que dizia: *Mostra-*

-me a tua glória, Deus respondeu: *Eu te mostrarei todo o bem* (Ex 33,18-19).

Se alguém tivesse junto a si uma única coisa que contivesse, com suma perfeição, tudo o que desejam os sentidos, de maneira que nunca precisasse sair de casa para ver, ou ouvir, ou cheirar, ou provar, ou tocar alguma coisa, já que tem em casa numa única coisa tantas delícias quantas pudesse desejar um homem extremamente voluptuoso. Aquela coisa não seria muito preciosa? E se aquela coisa contivesse em si tamanha quantidade de riquezas de toda espécie quantas pode desejar um homem extremamente avarento, de maneira que ele não quereria sair da casa para adquirir mais alguma coisa, não seria ela a mais preciosa e a mais valiosa? E mais, se aquela coisa pudesse proporcionar aos que a possuem tantas honras e dignidades quantas pode conceber um homem ambiciosíssimo, não pareceria superar qualquer preço? E se aquela coisa pudesse satisfazer não só o desejo do homem, mas também do anjo, que é tanto maior e mais capaz quanto mais numerosas e melhores são as coisas conhecidas pelos anjos do que as conhecidas pelos homens, o que haverias de dizer?

E, todavia, a bondade daquela coisa seria ainda muito inferior à bondade de Deus, que é tão grande que pode saciar e satisfazer, inteiramente, o desejo infinito, ou melhor, a infinita capacidade de Deus.

Ó admirável largura da perfeição da essência de Deus, que abrange tal imensidade de bens que é completamente suficiente à infinita capacidade, que está em Deus! Com efeito, o próprio Deus nunca sai de si, porque tem todos os bens em si mesmo; e antes de criar o mundo era tão rico e bem-aventurado quanto era depois, porque nada foi feito por Deus se antes não existisse em Deus do modo mais elevado.

Compreendes, alma, de que bem gozarás na Pátria, se no caminho amares a Deus? E de que bem serás privada se não fizeres isso? Pois Deus mostrará a si mesmo, isto é, todo o bem que deve ser gozado por aqueles que o amam, quando disser ao servo bom e fiel: *Entra no gozo do teu Senhor* (Mt 25,23).

Capítulo III

Depois, Deus é imenso ainda de outra maneira, porque Ele enche simplesmente tudo aquilo que está nas coisas criadas. *Eu encho o céu e a terra, diz o Senhor* (Jr 23,24). E se houvesse outros mundos, a todos encheria. *Se subo ao céu*, diz Davi, *tu lá estás; se desço ao inferno, nele te encontras* (Sl 138,8).

Acrescento ainda, se eu for acima do céu, ou abaixo do céu, ou fora do céu, não estarei só, porque tu ali estarás; pois, nem posso existir se não estiver em ti e tu me sustentas, pois sustentas tudo pela tua poderosa palavra (cf. Hb 1,3). Deus enche com sua imensidade não só todos os corpos, mas também os espíritos, os corações e as mentes. De fato, como perscrutaria os corações, se não estivesse nos corações? E como ouviria as preces dos corações, se não tivesse seus ouvidos voltados para os nossos corações? E como diria o profeta: *Ouvirei o que o Senhor Deus me disser* (Sl 84,9), se Deus não aproximar sua boca dos ouvidos do nosso coração?

Feliz a alma que ama a Deus, porque tem seu Dileto sempre junto a si, e o recebe no seu seio e no seio dele é recebido, pois, *quem permanece na caridade, permanece em Deus, e Deus nele* (1Jo 4,16).

E Deus não só enche todas as coisas com sua presença, mas também com sua glória, pois os serafins cantam: *Toda a terra está cheia de sua glória* (Is 6,3), e Davi acrescenta: *Senhor, nosso Dominador soberano, quão admirável é o teu nome em toda a terra! Porque a tua majestade se elevou sobre os céus* (Sl 8,2), como se dissesse: Não só o teu nome, a tua fama, a tua glória encheram de admiração toda a terra, mas também subiram ao céu e estão elevados acima dos céus. Por fim, o *Eclesiástico* acrescenta: *Da glória do Senhor estão cheias as suas obras* (Eclo 42,16). Realmente, não há criatura alguma no céu ou na terra que, assiduamente, não louve a Deus.

Este é o motivo pelo qual, tanto Davi nos salmos, quanto os três jovens em Daniel, exortavam todas as criaturas a bendizer e a celebrar com louvores o Criador. Por certo, não ignoravam que existem muitas criaturas que, por sua natureza, não poderiam ouvir a palavra que exorta, mas porque compreendiam que todas as obras de Deus são boas e que, por isso, louvam com sua própria natureza o seu artífice, congratulavam-se com elas e as exortavam a continuar a agir como eles agiam.

E certamente, se alguém tivesse olhos interiores, veria que todas as obras do Senhor são como que turíbulos que enviam para cima o suave odor da glória de Deus; e se tivesse ouvidos interiores, ouviria como que o variado concerto com todo o tipo de instrumentos musicais dos que louvam a Deus e dizem: *Ele nos fez, e não nós a nós mesmos* (Sl 99,3).

Embora não faltem ímpios, que amaldiçoam a Deus e blasfemam o seu nome, todavia, também eles, contra a vontade, são obrigados a louvar o Senhor da mesma forma que a obra louva o artífice. Porque também neles brilha maravilhosamente o poder pelo qual Deus os fez; a sabedoria pela qual os governa; a bondade pela qual, embora ingratos e maus, conserva-os em vida; a misericórdia e a justiça, pela qual, ou com justiça os condena ao castigo, ou misericordiosamente espera que façam penitência.

Na verdade, na terra, muitos são surdos para ouvir estas vozes das criaturas e, apesar disso, elas não cessam de clamar, nem faltam os inúmeros ouvidos dos anjos e dos homens santos, que ouvem aqueles louvores, com eles se encantam e eles próprios também celebram assiduamente o Deus Criador com hinos e cânticos.

Capítulo IV

O comprimento da essência divina é sua eternidade, que não tem início de duração, nem jamais terá fim e permanecerá sempre a mesma sem mutação alguma: *Tu, porém, és sempre o mesmo, e teus anos não terão fim*, diz Davi (Sl 101,28) e Tobias e depois dele o apóstolo chamam a Deus de Rei dos séculos (cf. Tb 13,1; 1Tm 1,17), porque só Ele não está sujeito aos séculos, mas preside os séculos e governa os séculos, certamente, o único que precede a todos os séculos.

As demais coisas, ou têm início e fim e nunca permanecem no mesmo estado; ou têm início sem fim e sem mutação de substância; porém, se agradar ao Criador, podem também deixar de existir. Por isso, a eternidade é própria unicamente a Deus, de modo que não convém a nenhuma coisa criada, nem jamais príncipe algum foi tão arrogante que, entre os títulos, muitos dos quais foram usurpados, presumisse arrogar-se o título de eterno, a não ser, talvez, em outro sentido, como Constâncio, que foi chamado imperador eterno, porque não era imperador por um determinado tempo, mas por toda a vida.

Mas tu, minha alma, podes ser contada em ambos os gêneros das criaturas, pois tens um corpo, que começou a existir quando foi concebido e nasceu; e, aos poucos, cresceu até a medida que lhe foi fixada por Deus; depois, começou a diminuir e, pouco depois, pela morte deixou de existir e, por isso, nunca permanece no mesmo estado, e em cada parte e a cada hora está sujeito à mutação.

Quanto ao teu corpo, o profeta deu a sentença pela comparação do feno: *Como a erva, ele passa em uma manhã; pela manhã floresce e passa; à tarde cai, endurece e seca* (Sl 89,6). Na verdade, de manhã, isto é, na infância, o corpo humano viceja como a erva, mas logo passa para a juventude, floresce ao meio-dia da juventude e, imediatamente passa para a velhice, morre ao entardecer da velhice, endurece na morte, seca no sepulcro e volta ao seu pó.

Eis, pois, alma, quão longe de ser eterno está o teu corpo. Também tu foste criada no tempo, já que antes nada eras; e nisso és muito diferente do Criador eterno. Mas, depois de criada, não verás o fim da duração, e tens isso em comum com o Criador. Mas, porque és mutável, enquanto vives no corpo, estás sujeita a passar do vício para a virtude e da virtude para o vício, e conforme o estado em que te encontrares ao sair do corpo serás julgada, ou para reinar para sempre com Deus, ou para sofrer para sempre os tormentos com o demônio. Assim, nenhum maior cuidado deves ter, senão fugir do vício e praticar a virtude.

Cuida, pois, de não te deixar seduzir pelos atrativos da carne, em detrimento eterno do corpo e de ti, mas crucifica a tua carne com todos os vícios e concupiscências (cf. Gl 5,24), a fim de que, em breve, não só tu vivas feliz para sempre, mas tua carne ressurja para a glória e ela também permaneça unida a ti na eternidade sem fim de Deus.

No mais, embora as almas dos Bem-aventurados, como também os santos anjos, serão participantes da eternidade de Deus, naquela sublimíssima e felicíssima união com Deus pela visão beatífica e pelo amor, uma união que não só não terá fim, mas também será para sempre estável e imóvel; todavia, essas almas poderão mudar e variar de muitos outros modos os pensamentos, os afetos e os lugares; por isso, sempre admirarão e olharão acima de si a eternidade de Deus, na qual não poderá haver nenhuma mudança da mente, da vontade ou de lugar e, no entanto, nada lhe falta, ainda mais que sempre terá todas as coisas que, com as várias mutações, poderia adquirir durante o tempo da eternidade.

Por isso, o comprimento da eternidade é algo infinito e não é menos próprio a Deus do que a largura da imensidade.

Capítulo V

A seguir, deve-se considerar a altura de Deus, segundo a qual se diz a Deus: *Só tu és o Altíssimo* (Sl 82,19).

Ora, só Deus é altíssimo pela sublimidade da natureza; as coisas, porém, são tanto mais nobres e excelsas, quanto mais puras e mais desligadas da matéria forem. Vemos isso, em primeiro lugar, nas coisas materiais: a água é mais nobre do que a terra, porque é mais pura; e pela mesma razão, o ar é mais puro do que a água, o fogo do que o ar, e o céu do que o fogo.

Depois, observamos o mesmo nas coisas espirituais; ora, o intelecto é mais alto do que os sentidos, porque o sentido tem um órgão corporal, do qual o intelecto não precisa; e o intelecto angélico é mais alto do que o humano, porque este precisa da ação da imaginação e das representações, de que aquele não necessita; e entre os anjos são mais altos aqueles que, com menor número de espécies, compreendem maior número de coisas.

Por isso, Deus, o único que é ato puro e não precisa de coisa alguma fora de si, nem órgão, nem imaginação, nem espécie, nem sequer a própria presença de algum objeto fora de si, mas sua própria essência para Ele é tudo, e nada pode ter que sempre não tenha em ato e Ele ter em ato é ser sempre ato puro e simples. Portanto, sua natureza é altíssima e sublimíssima e jamais, de modo algum, pode ter quem lhe seja igual. Por isso, aquele que disse: *Serei semelhante ao Altíssimo* (Is 14,14), imediatamente foi derrubado e desceu do céu para o profundíssimo inferno, como descreve Isaías (cf. Is 14,15). E o Cristo Senhor diz dele: *Eu via satanás cair do céu como um raio* (Lc 10,18).

Também de outro modo Deus é altíssimo, porque é a primeira e altíssima causa eficiente, exemplar e final de todas as coisas. É a altíssima causa eficiente, porque não há nenhuma coisa criada que, de algum modo, tenha alguma força de criar que não a tenha recebido de Deus; mas Deus não a recebeu de ninguém. Além disso, não existe causa alguma, que possa exercer sua força, se não for movida por Deus; mas Deus não é movido por ninguém. Enfim, nas coisas criadas, são chamadas mais altas as outras causas, que são universais, e das quais dependem as causas particulares, como os céus e os anjos, que movem os céus; Deus, porém, fez os céus e os anjos, por isso somente Ele é a primeira e altíssima causa eficiente.

Da mesma forma, Deus é a primeira causa exemplar, porque Deus fez todas as coisas segundo as formas, ou ideias, que tem em si mesmo.

Enfim, é a primeira causa final, porque para si, ou seja, para manifestar sua glória criou todas as coisas, como diz o sábio nos *Provérbios* (cf. Pv 16,4).

Mas, com muita propriedade, diz-se que Deus é altíssimo, porque está sentado num trono altíssimo, como diz Isaías: *Vi o Senhor sentado sobre um alto e elevado trono* (Is 6,1). E porque o trono tem dois usos, um para julgar e outro para descansar, consideraremos separadamente um e outro.

Capítulo VI

Então, em primeiro lugar, Deus tem um trono altíssimo, porque é o supremo Juiz. Com efeito, Abraão diz a Deus: *Tu julgas toda a terra* (Gn 18,25), e Davi: *Deus profere seu julgamento* (Sl 81,1), isto é, Deus julga os próprios juízes, que nas Escrituras são chamados deuses. Porém, abertamente São Tiago diz: *Não há mais que um Legislador e um Juiz* (Tg 4,12), isto é, só Deus é propriamente Legislador e Juiz, porque só Ele dá leis a todos, de ninguém as recebe, a todos julga e por ninguém é julgado.

Além disso, Deus não é somente Juiz, mas é também Rei e por isso não julga como um Juiz constituído pelo

Rei, mas como Rei e Príncipe supremo, daí que é chamado *Rei dos reis* (Ap 19,16), *Grande Rei sobre todos os deuses* (Sl 94,3), e *terrível para os reis da terra* (Sl 75,13), porque, quando quer, transfere os reinos e os impérios de um povo para outro e, quando quer, tira o espírito dos príncipes.

Enfim, Deus não é apenas o Juiz e o Rei supremo, mas também o Senhor absoluto, que é o maior de todos os títulos. De fato, os reis não são senhores dos súditos a ponto de poder, a seu livre-arbítrio, tirar-lhes os bens ou a vida, cujo testemunho disso pode ser o rei Acab, que quis possuir a vinha de Nabot e não pôde possuí-la senão pelo engano e pela calúnia da mulher e, por isso, ambos pereceram miseravelmente (cf. 1Rs 21,1-14).

Mas Deus é verdadeira e propriamente Senhor, e todas as coisas o servem e Ele a ninguém serve, e poderia, se quisesse, reduzir todas as coisas ao nada, já que do nada fez todas as coisas.

Por isso, alma, pensa quanto temor e tremor devemos ter nós, vermezinhos da terra, daquele que está sentado em tão alto trono, que absolutamente nada exista acima dele. *Se eu sou vosso Senhor*, diz Ele pela boca de Malaquias, *onde está o temor que me é devido?* (Ml 1,6). E se aqueles príncipes do céu o assistem com temor e tremor, o que não devemos fazer nós que, mortais e frágeis, habitamos na terra com os animais? Porém, parece ser admirável que o Deus altíssimo não ame criaturas semelhantes a si, isto é, altas e sublimes, mas humildes e pobrezinhas, pois assim fala Deus por intermédio de Isaías: *Para quem olharei eu, senão para o pobrezinho e contrito de coração, e que teme as minhas palavras* (Is 66,2) e Davi: *O Senhor excelso olha as coisas humildes* (Sl 137,6).

Na verdade, porém, Deus ama as coisas altas e sublimes, e por isso semelhantes a si, mas as verdadeiramente sublimes, não as que parecem sê-lo e não o são. Por isso, Deus não ama os soberbos, que são arrogantes e inchados, que não devem ser chamados altos e sublimes: mas ama os humildes e os que temem suas palavras, porque quanto mais eles se abaixam, tanto mais são exaltados pelo próprio Senhor. E aqueles que são exaltados pelo Senhor, estes são realmente altos. Por isso, são humildes e sublimes: humildes a seus olhos, sublimes aos olhos de Deus.

Se alguém visse, não só pelos olhos do corpo, mas também pelos olhos do coração e estes iluminados por Deus, o rico epulão, vestido de linho e púrpura, que se reclinava à mesa preparada com todas as espécies de preciosos alimentos, cercado de muitos servos, que solicitamente desempenhavam seu ofício; e se ao mesmo tempo visse o pobre Lázaro, seminu e todo chagado, sentado à porta do rico, desejando saciar-se com as migalhas que caíam da mesa do rico: este imediatamente veria o rico, que o mundo cria ser felicíssimo, mas aos olhos de Deus e dos anjos era absolutamente abominável e vilíssimo, tido como o lodo e o esterco da terra. Pois o que é alto entre os homens, é abominação junto a Deus, diz o Senhor no mesmo lugar onde se descreve o epulão (cf. Lc 16,15).

Ao contrário, veria que o pobre e humilde Lázaro, aos olhos de Deus e dos anjos é nobre e honrado, como uma pérola preciosa, como foi demonstrado pelo fim. Pois Lázaro, querido de Deus, foi levado ao seio de Abraão pelas mãos dos anjos, enquanto o rico, odioso a Deus, foi arrastado pelos demônios para o fogo do inferno.

Mas o que digo de Lázaro? Junto a Deus, ninguém é mais alto do que o Senhor Jesus Cristo, também segundo a humanidade; e, todavia, não há ninguém mais humilde do que ele no céu ou na terra, como disse com toda a verdade: *Aprendei de mim, que sou manso e humilde de coração* (Mt 11,29), pois quanto aquela alma santíssima conhece mais claramente do que todas as criaturas a infinita altura da divindade, tanto mais conhece a vileza da criatura, que foi feita do nada e sendo também ela uma criatura, sujeita-se a Deus mais do qual qualquer outra criatura, humilha-se e exalta a Deus e assim é por Deus exaltada sobre todas as criaturas, também as angélicas.

A mesma coisa podemos dizer dos bem-aventurados anjos e dos santos homens, porque ninguém é mais humilde do que aqueles que estão sentados mais altos no céu; porque estes, que estão mais próximos de Deus, mais claramente conhecem a diferença que existe entre a grandeza do Criador e a pequenez da criatura.

Por isso, minha alma, ama a humildade se desejares a verdadeira exaltação; imita o Cordeiro sem mancha, imita a Virgem Mãe, imita os querubins e os serafins, porque todos, quanto mais altos forem, tanto mais humildes são.

Capítulo VII

Deus tem um trono altíssimo não só porque julga a todos, mas também porque permanece em paz mais do que todos e faz permanecer em paz aqueles nos quais habita. O altíssimo trono de Deus é sua altíssima paz. De fato, embora governe o mundo inteiro, no qual há contínuas guerras e conflitos entre os elementos, os animais e os homens, Ele, porém, julga com calma, como se diz no *Livro da Sabedoria* (cf. Sb 12,18) e goza sempre de altíssima paz e não há nada que possa perturbar sua paz e a contemplação de si mesmo, na qual estão suas delícias sempiternas. Por isso, é chamado Rei de Jerusalém, que significa visão de paz. Seu trono próprio, porém, são os espíritos bem-aventurados e, por isso, se diz: *Tu que estás sentado sobre os querubins* (Sl 79,2; 98,1).

Ora, diz-se que Deus está sentado sobre os querubins de preferência aos serafins, porque querubim significa multiplicidade da ciência, ao passo que serafim significa ardor da caridade. É certo que a paz nasce da sabedoria, a solicitude e a ansiedade, da caridade, se não estiver unida à sabedoria, razão pela qual a alma do justo é chamada de sede da sabedoria. Enfim, quando Isaías diz: *O céu é o meu trono* (Is 66,1) e quando Davi diz: *O mais alto dos céus é para o Senhor* (Sl 113,16), por "o céu" e "dos céus" entendem-se os céus espirituais, que estão situados acima dos céus materiais, isto é, os espíritos bem-aventurados, como explicou Santo Agostinho na exposição do *Salmo 113*.

Ora, Deus faz repousar estes céus em tão admirável tranquilidade, que esta é a paz que supera todo o entendimento. Nos Sermões sobre o *Cântico dos Cânticos*, São Bernardo explica essa quietude com uma comparação muito apropriada e escreve as seguintes palavras: *Deus é tranquilo, tranquiliza todas as coisas e contemplar a serenidade é ser sereno. Imaginai um Rei que, após as audiências diárias e os debates das causas, despedidas as pessoas que o procuraram para resolver seus problemas, dirige-se à noite para o palácio, entra no quarto com poucas pessoas, que se digna honrar com sua intimidade e familiaridade. Esse lugar é certamente tanto mais seguro quanto mais secretamente tranquilo e ele sentir-se-á tanto mais sereno quanto mais tranquilamente vir em torno a si apenas aqueles que ele ama (Sermões 23).*

Essas palavras mostram, com suficiente clareza, que Deus não se apresenta aos espíritos dos bem-aventurados como Juiz e Senhor, mas como amigo e familiar. E é realmente incrível a familiaridade que Deus mostra também nesta vida às mentes puras, que parecem cumprir-se inteiramente as palavras: *Acho minhas delícias em estar com os filhos dos homens* (Pv 8,31) e *sua intimidade é com os simples* (Pv 3,32).

É por isso que todos os santos, embora padecessem perseguições no mundo, todavia no coração, onde estava Deus, tinham a paz e assim eram vistos e eram sempre alegres, sempre serenos, pois a Verdade lhes disse: *O vosso coração se alegrará, e ninguém vos tirará a vossa alegria* (Jo 16,22).

Capítulo VIII

Resta, então, a parte quatro da grandeza, que se chama profundidade. Ora, na essência de Deus, a profundeza encontra-se de várias maneiras.

Em primeiro lugar, a divindade é profundíssima em si mesma, porque não é superficial ou leve, mas é pleníssima e solidíssima.

A divindade não é como que uma massa dourada, que só tem ouro na superfície exterior e que por dentro é de cobre ou de madeira; mas é uma massa toda de ouro, uma massa grande e imensa, ou antes, como uma mina de ouro, tão profunda que, por mais que se cave, jamais pode se esgotar.

Dessa forma, Deus é absolutamente incompreensível, porque, como a mina de ouro, cujo fundo jamais se alcança, cavando nunca se esgota; assim também Deus, cuja grandeza não tem fim, nunca pode ser tão perfeitamente conhecido pela mente criada, que não possa ser conhecido sempre mais; e só Deus compreende aquela profundeza infinita, porque só Ele tem a força infinita de compreender.

Além disso, Deus é profundo por causa do lugar; pois, assim como Ele é altíssimo, porque governa todas as coisas e está acima de todas elas, assim o mesmo Deus é profundíssimo, porque se sujeita a todas as coisas para sustentá-las; e porque está sob todas as coisas para sustentá-las, Ele mesmo, como diz o apóstolo, sustenta tudo com o poder de sua palavra (cf. Hb 1,3).

Por isso, Deus é como que o fundamento e o teto do edifício, no qual todos nós *vivemos, nos movemos e existimos* (At 17,28) e também Salomão disse com muita razão: *O céu e os céus dos céus não podem te conter* (2Cr 6,18), porque é antes Deus que contém os céus e as coisas que estão sob o céu; pois é Ele que está acima dos céus, e por baixo da terra.

Por fim, a profundidade de Deus é sua invisibilidade. Deus é realmente Luz, mas inacessível; é Verdade, mas muito íntima e mais interior do que todo o interior: *Fez das trevas o lugar do seu retiro* (Sl 17,12), diz Davi, e *verdadeiramente é um Deus escondido* (Is 45,15), conforme diz Isaías.

Um dia, procurando a Deus, Santo Agostinho perscrutou com seus olhos a terra e os céus e todas as coisas responderam: *Nós não somos aquilo que procuras, mas foi Ele mesmo que nos fez* (*Confissões*, Livro 9, cap. 10; Livro 10, cap. 6; no *Salmo* 26,48). Por isso, não encontrando Deus pelas coisas exteriores, começou a fazer o caminho pelas coisas interiores e, realmente, compreendeu que por elas aproximava-se mais facilmente de Deus e compreendeu que a alma é melhor do que o corpo, que o sentido interior é melhor do que o sentido exterior; e que o intelecto, que ainda é interior, é melhor do que o sentido interior.

Concluiu, então, que Deus, sendo mais interior do que o intelecto, é melhor do que o intelecto; e por isso, o que quer que compreendamos ou pensemos não é Deus, mas algo menor do que Deus, sendo que Deus é melhor do que aquilo que possamos compreender ou pensar.

Portanto, coragem, minha alma, se tu és melhor do que o teu corpo, ao qual dás vida, porque aquele é corpo, e tu és espírito; o olho do teu corpo não te vê, porque ele está fora, e tu estás dentro; assim, simplesmente, pensa que o teu Deus é melhor do que tu, pois ele te dá o intelecto, e é quase a tua alma e, entretanto, tu não podes vê-lo, porque o espírito é mais alto e interior do que tu és, e tu, de algum modo, permaneces por fora e Ele por dentro em seu secretíssimo e profundíssimo lugar.

Contudo, será que nunca serás admitida a esse segredo? Longe disso, porque não mente o teu Senhor que diz: *Bem-aventurados os puros de coração, porque verão a Deus* (Mt 5,8), nem mente seu apóstolo, que diz: *Nós agora vemos* (a Deus) *como por um espelho, em enigma, mas então* (vê-lo-emos) *face a face* (1Cor 13,12); nem o santo Evangelista João, que escreveu: *Sabemos que, quan-*

do Ele se manifestar, seremos semelhantes a Ele, porque o veremos como Ele é (1Jo 3,2).

E qual será a alegria quando, admitida àquele secreto sacrário, verás e possuirás a própria luz, a própria aparência, a própria beleza, a própria bondade? Então aparecerá claramente quão vazios e fugazes e quase nada serão os bens temporais desta terra, e os homens, por eles inebriados, esquecem-se dos bens verdadeiros e eternos.

Mas se realmente tens sede do Deus vivo e se tuas lágrimas são teu pão dia e noite, enquanto se diz: *Onde está o teu Deus?* (Sl 41,4), não sejas preguiçosa em purificar o coração, com o qual Deus deve ser visto, nem te canses de dispor elevações do coração até que se veja o Deus dos deuses em Sião (cf. Sl 83,8), nem esfries no amor a Deus e ao próximo e não ames de palavra e com a língua, mas por obra e em verdade (cf. 1Jo 3,18), pois este é o caminho que conduz à vida.

Décimo primeiro degrau

Pela consideração da grandeza do poder de Deus segundo a grandeza dos corpos

Capítulo I

Grande é o Senhor, e sua grandeza não tem medida, nem fim; e não só é grande, porque sua altura é a onipotência, sua profundeza é a sabedoria investigável, sua largura é a misericórdia difundida em toda a parte, seu comprimento é a justiça em forma de vara de ferro; mas também porque cada um desses atributos é grande pela grandeza da infinita largura, comprimento, altura e profundidade.

Para começar pelo poder, ou antes, pela onipotência, o poder de Deus tem sua largura, que consiste em estender-se a um número realmente infinito de coisas.

Em primeiro lugar, estende-se a todas as coisas que foram feitas, pois, em toda essa universidade de coisas, desde o primeiro anjo até o último vermezinho, do mais alto do céu ao mais profundo do abismo, nada existe que não tenha sido feito pelo poder de Deus. *Todas as coisas*, diz São João, *foram feitas por Ele, e sem Ele nada foi feito* (Jo 1,3), e abaixo: *E o mundo foi feito por ele* (Jo 1,10).

Em segundo lugar, estende-se a todas as coisas que serão feitas por toda a eternidade. Pois, assim como nada pôde ser feito senão por Ele, da mesma forma nada poderá ser feito senão por Ele. De fato, assim fala o apóstolo: *Dele, por Ele e para Ele são todas as coisas* (Rm 11,36).

Em terceiro lugar, estende-se a todas as coisas que podem ser feitas, embora nunca venham a ser feitas. Com efeito, assim fala o anjo: *A Deus nada é impossível* (Lc 1,37), e o próprio Senhor: *A Deus tudo é possível* (Mt 19,26).

Em quarto lugar, estende-se a toda a destruição das coisas criadas. Na verdade, assim como, pelas águas do dilúvio, Deus pôde matar ao mesmo tempo todos os homens e todos os animais que estavam sobre a terra, excetuados uns poucos, que Ele próprio quis salvar na Arca de Noé, da mesma forma, por um dilúvio de fogo, num só tempo, poderá destruir não só todos os homens e todos os animais que são encontrados vivos no último dia, mas também todas as árvores, todas as cidades e outras coisas que estiverem na terra. É o que diz o Apóstolo Pedro na *Segunda Epístola*: *Como um ladrão virá o dia do Senhor, no qual passarão os céus com grande estrondo, os elementos com o calor se dissolverão e a terra e todas as obras que há nela serão queimadas* (2Pd 3,10).

Realmente grande é esta largura do poder de Deus, a qual ninguém poderá admirar suficientemente se não conhecer o número da multidão das coisas que Deus em parte fez, em parte fará e em parte pode fazer. Afinal, quem poderá enumerar tão grande multidão, senão aquele cuja ciência é infinita? E de novo, a grandeza de seu poder cresce muito, se alguém pensar que tão grandes coisas feitas com tamanho poder no decorrer de tantos séculos, podem ser dissolvidas num momento apenas e com extrema facilidade; ou, como diz Judas Macabeu, *ser destruídas com um gesto* (2Mc 8,18). Portanto, diga-mos com Moisés: *Quem, dentre os fortes, é semelhante a ti, Senhor* (Ex 15,11).

Capítulo II

O verdadeiro comprimento do poder divino conhe-ce-se pelo fato de o próprio Deus cooperar assiduamente com todas as coisas que fez, e que, ao cooperar, não se cansa, nem fatigar-se-á por toda a eternidade, pois este poder de Deus não pode diminuir, nem se enfraquecer, nem de forma alguma ser quebrado, por estar unido à verdadeira eternidade, ou antes, sendo Ele a própria eternidade da verdadeira divindade.

Muitos se surpreendem que o sol, a lua e as estrelas possam mover-se por tanto tempo e com tanta rapidez, do oriente para o ocidente e, sem nenhuma interrupção, voltar para seus círculos; e isso seria muito digno de toda admiração, se não soubéssemos que são movidos pelo Deus onipotente, que tudo sustenta com o poder de sua palavra (cf. Hb 1,3).

Outros se surpreendem, como pode acontecer que, no inferno, tanto o fogo arde eternamente sem consu-mir, quanto os corpos daqueles infelizes, ardendo eter-namente, não sejam dissolvidos.

Mas isso não seria considerado somente admirável, mas também impossível, se quem faz sempre arder aque-le fogo para que nunca se extinga, e aquele que assim conserva no fogo os corpos dos miseráveis, de modo que sejam sempre atormentados e nunca se consumam, não fosse Deus onipotente e eterno.

Enfim, outros ainda se surpreendem que Deus mantém e sustenta todas as coisas e não se cansa de manter e sustentar tão grande massa de peso quase infinito, ao passo que um homem robusto, ou um cavalo, ou um boi, ou um elefante podem carregar um grande peso por pouco tempo ou por um tempo breve, uma carga pesadíssima; todavia, carregar eternamente uma carga pesadíssima sem se cansar, supera as forças de todas as coisas criadas. Mas estes, com razão, admirar-se-iam se Deus tivesse as forças limitadas em peso e medida, como têm todas as coisas criadas; mas já que as forças de Deus, de fato, excedem a todas as medidas, sendo Ele em tudo infinito, não surpreende que uma força infinita sustente sem cansaço e por tempo infinito uma massa infinita, por mais pesada que seja.

Portanto, com o santo Profeta Moisés digamos: *Quem dentre os fortes é semelhante a ti, Senhor?* (Ex 15,11).

Capítulo III

Segue a altura do poder de Deus, que consiste principalmente em duas coisas.

Primeiramente, a onipotência pode, de fato, ser considerada altíssima, porque somente Ele fez coisas altíssimas. As coisas que estão sob a lua, somente Deus as fez na primeira criação das coisas, mas, pela ação das criaturas, podem ser geradas, transformadas, corrompidas, pois os elementos transformam-se mutuamente segundo as partes e da terra produzem-se as ervas e as árvores, dos animais propagam-se os animais, na água nascem os peixes, no ar, as nuvens e a chuva, no fogo, os cometas. Ao contrário, o céu e os astros, que são corpos altíssimos, só Deus os criou e só Ele os conserva e, sobre eles, nenhuma ação pode exercer a criatura, seja para fazer outros, seja para transformá-los, seja para destruí-los, ou também para conservá-los: *Contemplo*, diz o profeta, *os teus céus, obra dos teus dedos, a lua e as estrelas que tudo criaste* (Sl 8,4).

O Altíssimo reservou somente para si as obras altíssimas, Ele começou a formá-las desde os fundamentos e Ele as levou à conclusão. Também as coisas espirituais, os anjos e as almas dos homens, que são as mais nobres e mais sublimes de todas as obras, só o Altíssimo as criou e as conserva com sua força infinita e as conservará eternamente sem interrupção. E, na execução dessas coisas, as criaturas não têm parte alguma e, embora todas se unam entre si, nunca poderiam produzir, nem destruir, um único anjo ou uma única alma.

Depois, a altura do poder divino é claramente percebida nos milagres que, conforme ensina Santo Agostinho, são obras fora do curso habitual e da ordem da natureza e que provocam a admiração e o espanto de toda a natureza e também dos próprios anjos (Santo Agostinho, *Tratado 24 sobre João*).

Qual dos anjos não ficou estupefato quando, por ordem de Josué, o sol e a lua, que seguiam seu rapidíssimo curso, pararam imóveis? (cf. Js 10,13). E para não julgarmos que isso tenha acontecido por acaso (pois ninguém pudera suspeitar que uma coisa tão inusitada pudesse ser feita por um homem mortal e que vive na terra), fala o Espírito Santo e diz: *Obedecendo o Senhor à voz de um homem* (Js 10,14).

Com efeito, Josué não falou propriamente ao sol e à lua, que sabia não poderem ouvir sua ordem, mas rogou ao Senhor, como se dissesse: Por ordem do Senhor, tu, sol, não te movas em direção a Gabaão e tu, lua, contra o vale de Ajalão. O Senhor obedeceu à voz do homem, isto é, fez que os luminares obedecessem à voz do homem. Ora, muitas vezes na Sagrada Escritura diz-se que Deus fez aquilo, de que é a causa, como quando, no *Gênesis*, Deus diz a Abraão: *Agora conheci que temes a Deus* (Gn 22,12), o sentido dessas palavras é: *Agora fiz que tu e os outros saibam que verdadeiramente temes a Deus.*

Também esta foi a obra, significando a altura do poder divino, realizada na paixão do Senhor, quando a lua, que estava na máxima distância do sol, aproximando-se em rapidíssimo movimento do sol e, a ele sujeita, fez que por três horas houvesse trevas sobre a terra, e após aquelas três horas, com movimento de igual incrível velocidade voltou ao lugar de onde tinha se afastado. Que viu e observou tudo isso, é testemunhado por São Dionísio Areopagita na *Carta a São Policarpo*.

E este, na verdade, é um sinal contrário ao primeiro, mas não é menos admirável, já que é igualmente novo e insólito e supera as forças de toda a natureza, imobilizar a lua ou incitá-la a mover-se fora do normal. Omito a restituição da vista aos cegos, as ressurreições dos mortos e os outros muitos milagres que Deus fez e faz pelos profetas, pelos apóstolos e por outros seus servos fiéis, coisas essas que proclamam: *Quem dentre os fortes é semelhante a ti, Senhor?* Mas não posso omitir aquele supremo e máximo milagre que Deus realizará no último dia, quando todos os mortos ressuscitarão ao mesmo tempo, quando voltarão ao seu corpo muitos corpos reduzidos a cinzas e dispersos, ou devorados pelos animais e tiverem sido transformados em muitos outros corpos ou ainda sepultados em jardins e campos e transformados em várias ervas.

Qual dos anjos não se espantará quando vir que, num piscar de olhos, à ordem do Onipotente, tantos milhares e milhares de homens reassumirão seus corpos, embora estivessem perdidos por muitos séculos e dispersos por diversíssimos modos? Esta é, portanto, a altura do poder de Deus, por causa da qual igualmente pode-se dizer: *Quem dentre os fortes é semelhante a ti, Senhor?*

Capítulo IV

Resta a profundidade, que, parece-me, consiste no modo usado por Deus para fazer as coisas. Com efeito, quem compreenderá a maneira de fazer algo do nada?

Não puderam estender os olhos para essa profundeza aqueles que estabeleceram como princípio seguro e certo que do nada, nada se faz. Também cremos naquilo que não vemos; mas cremos, certos de que Deus não pode mentir, cremos, repito, que o céu e a terra e aquilo que neles existe, foram criados pelo próprio Deus, já que antes absolutamente nada existia de onde pudessem ser feitos. E, na verdade, nem Deus faria todas as coisas que foram feitas se antes preexistisse algo de onde fazer.

Mas de que maneira poderia fazê-las, se antes nada preexistia, é um abismo profundíssimo que não podemos perscrutar e investigar. Além disso, Deus não somente fez todas as coisas do nada, mas as fez no nada, isto é, sem um espaço precedente, ou um lugar, no qual colocar o que fazia, o que, sobretudo nas coisas materiais, mal pode ser compreendido e, por isso, este é também um abismo impenetrável. Na *Carta a Dárdano*,

Santo Agostinho diz: *Tira aos corpos o espaço dos lugares, e eles nunca existirão e porque nunca existirão, não existirão* (*Epístola 57 a Dárdano*).

Logo, se antes de Deus criar o céu e a terra, nada existia, onde pôs Deus o céu e a terra? No nada, certamente, não puderam ser postos e, todavia, foram criados e eles próprios são lugar para si, porque assim quis e pôde aquele que tudo pode, embora nós não possamos compreender como isso tenha acontecido.

O próprio Deus referiu-se a isso, quando, querendo indicar ao santo Jó a sua onipotência, disse: *Onde estavas tu, quando eu lançava os fundamentos da terra? Indica-me isso, se tens inteligência. Sabes quem deu as medidas para ela? E quem estendeu sobre ela a régua? Sobre que foram firmadas as suas bases? Ou quem assentou a sua pedra angular?* (Jó 38,4-6). E para compreendermos que estas obras da onipotência de Deus são muito dignas de todo o louvor, imediatamente acrescentou o mesmo Senhor: *Quando os astros da manhã me louvavam juntos, e quando todos os filhos de Deus estavam transportados de júbilo?* (*Id.* 38,7).

Certamente os santos anjos, que foram criados ao mesmo tempo que o céu e a terra e que são como que astros espirituais e lucidíssimos, a ponto de também poderem ser chamados filhos de Deus, quando viram que o céu e a terra haviam surgido do nada e que foram postos no nada e, todavia, tinham um fundamento muito firme sobre sua estabilidade, com enorme espanto e júbilo louvaram a onipotência do Criador.

E não é menos profundo de compreender que Deus, com o único poder da vontade, tenha construído massas tão imensas, pois sabemos que, em edifícios incomparavelmente menores, quantos instrumentos, quantas máquinas, de quantos ajudantes os arquitetos necessitam. Portanto, quem pensando poderá afirmar como pode ser que só com a vontade interna, que não sai daquele que quer, sejam feitas obras tão imensas e tão variadas?

Deus disse consigo mesmo, porque a palavra de Deus está em Deus e é o próprio Deus, disse, repito, ordenando e expressando o poder da vontade: Faça-se o céu, e o céu foi feito; faça-se a terra, e a terra foi feita; faça-se a luz, faça-se o sol, façam-se as estrelas, façam-se as árvores, façam-se os animais, façam-se os homens, façam-se os anjos, e tudo foi feito.

Acrescente, que o mesmo Deus poderia, se quisesse, destruir com um só gesto todas essas coisas e o mundo inteiro, como lemos nos livros dos *Macabeus* (cf. 2Mc 8,18). Mas é igualmente profundo que todas essas coisas, tão numerosas e tão grandes, compostas de tantos membros ou partes foram feitas por Deus num momento.

Entre nós, a arte e a natureza necessitam de um longo espaço de tempo para concluírem suas obras. Vemos que as ervas são semeadas muito antes de nascer; as árvores necessitam em geral de muitos anos para lançar as raízes, para estender os ramos e para produzirem os frutos. Os animais geram por muito tempo os filhos no útero e, depois, por longo tempo também os alimentam, antes de crescerem. Quanto à arte nada digo, porque é muito sabido que os nossos artistas não concluem coisa alguma, senão com tempo e este bastante longo.

Portanto, como é grande o poder em Deus que, mais rápido do que a palavra, completa as maiores coisas? Nem discuto se Deus faz em um momento o céu e a terra e tudo o que está contido neles, ou se gastou seis dias inteiros na primeira criação das coisas. Afinal, não me comprometi a explicar questões, mas a construir elevações para Deus pela consideração das coisas criadas. Por isso, o que afirmo e admito é que cada uma das coisas foi feita num momento pelo onipotente Criador.

Ninguém discute que a terra, a água, o ar e o fogo tenham sido criados conjuntamente e num instante, como também, no mesmo instante, tenham sido criados todos os anjos. É sabido que o firmamento, a divisão das águas e todas as outras coisas foram feitas somente pela força da Palavra: *Faça-se o firmamento no meio das águas* (Gn 1,6) e isso num momento, pois segue: *E assim se fez* (*Id.* 1,7), e neste lugar, São João Crisóstomo diz: Só disse e seguiu-se a obra, como também das palavras: *Produza a terra erva verde e assim se fez* (Gn 1,11), o mesmo autor diz: Quem não ficará estupefato pensando que a palavra do Senhor: *Germine a terra*, adornou a face da terra com um admirável manto de variadas flores? Imediatamente terias visto a terra, que antes era feia e inculta rivalizar com o céu por sua beleza e ornatos (cf. Hom. 5 sobre o *Gênesis*).

E depois, a respeito das palavras: *Sejam feitos luzeiros*, assim fala: Só disse e se produziu este admirável elemento, que é o sol; e o que dirás, se acrescentares que, no mesmo momento e com a mesma palavra, o mesmo Criador fez a lua e todas as estrelas? E para as palavras: *Produzam as águas...* etc., assim diz: Que língua será suficiente para celebrar os louvores do Criador? Pois, se da terra disse apenas: *Germine*, e imediatamente apareceram diversas e múltiplas espécies de flores e de ervas, assim aqui disse: *Produzam as águas* e logo foram criadas tantas espécies de répteis e de aves, que não podem ser descritas com a palavra. Por isso: *Quem, dentre os fortes, é semelhante a ti, Senhor?*

Mas tu, minha alma, compreendes perfeitamente quanto é o poder do teu Criador, que, pela sua largura, estende-se a todas as coisas, pelo comprimento, sempre dura e sem cansaço sustenta e rege todas as coisas; por sua altura chega também a fazer todas as coisas que parecem impossíveis e que, na verdade, são impossíveis a todos os outros, exceto a Ele próprio; pela profundidade faz as coisas de um modo que supera toda a inteligência criada, já que faz do nada, no nada, sem instrumentos e sem tempo, somente com a palavra e o poder: *Ele falou*, declara o profeta, *e foram feitas, mandou, e foram criadas* (Sl 148,5).

Disso tudo, se fores sábia, concluirás quanto conta tê-lo irado ou tranquilo, inimigo ou amigo. Pois se o tiveres por inimigo e irado, Ele pode despojar-te num instante de todos os bens e encher-te de todas as misérias, e não haverá ninguém que possa livrar-te de suas mãos. Afinal, quem ousará contender com o Onipotente.

Se sozinho e sem recursos encontrasses um inimigo implacável, que vem contra ti com uma espada agudíssima, o que farias? Como suarias, empalidecerias e tremerias e prostrado, de joelhos, implorarias misericórdia? E, todavia, ele é homem, e talvez possas, ou fugindo ou repelindo, livrar-te pessoalmente da morte arrancando-lhe a espada das mãos.

Mas com um Deus irado, o que farias? Pois dele não podes fugir, já que Ele está em toda a parte, nem lhe resistir, já que é onipotente, nem retardar sua ação, já que age num instante e só com o poder. Não sem motivo o apóstolo disse: *Coisa horrenda é cair nas mãos do Deus vivo* (Hb 10,31).

Mas se, ao contrário, tiveres um Deus aplacado e amigo, quem será mais feliz do que tu? Porque Ele pode, se quiser; e, se for teu amigo, quer encher-te de todos os bens e libertar-te de todos os males. Ora, depende de ti, enquanto estás nesta vida, teres um Deus irado e inimigo, ou aplacado e amigo. Porque Deus, primeiro pelos profetas, depois por seu Filho e por seus apóstolos, clama sem cessar nas Sagradas Escrituras, convidando os pecadores à penitência, os justos à observância dos mandamentos, para que assim tenha a ambos por amigos, ou melhor, por filhos caríssimos e herdeiros de seu reino eterno.

Ouve Ezequiel: *Juro, diz o Senhor Deus, que não quero a morte do ímpio, mas sim que se converta do seu mau proceder e viva. Convertei-vos, convertei-vos, deixando os vossos péssimos caminhos; e por que haveis de morrer, ó vós, da casa de Israel?* (Ez 33,11). E abaixo: *Em qualquer dia em que o ímpio se converter de sua impiedade, a impiedade não lhe fará mal* (Ez 33,12). E aquilo que clama Ezequiel, clamam também Isaías, Jeremias e os outros profetas, porque um só era o espírito em todos e clamava a mesma coisa por meio de todos.

Ouve o Filho de Deus, que, como diz Mateus, principia sua pregação: *Começou Jesus a pregar e a dizer: Fazei penitência, porque está próximo o Reino dos Céus* (Mt 4,17). Ouve o Apóstolo Paulo falar de si e de seus coapóstolos na *Segunda Carta aos Coríntios*: *Nós desempenhamos as funções de embaixadores por Cristo, como se Deus vos exortasse por meio de nós. Por Cristo vos rogamos, reconciliai-vos com Deus* (2Cor 5,20).

O que é mais claro? O que é mais doce? Em nome de Cristo, o apóstolo nos pede que queiramos reconciliar-nos com Deus, para tê-lo aplacado e não irado. Quem pode duvidar da misericórdia de Deus se, seriamente, voltar para Ele? Certamente receberá aqueles que voltarem, do mesmo modo que o Pai amantíssimo recebeu o filho pródigo (cf. Lc 15,20-24). E quando tivermos voltado e recebido o perdão, o que nos pede, a fim de permanecermos seus amigos e filhos, senão que observemos seus mandamentos? *Se queres entrar para a vida, guarda os mandamentos*, diz o Senhor (Mt 19,17).

E para que, talvez, não digas que sem o auxílio de Deus os mandamentos não podem ser observados, ouve Santo Agostinho que, na explicação dos salmos, falando do preceito mais difícil de todos, isto é, de dar a vida pelos irmãos, assim fala: *Deus não nos ordenaria que fizéssemos isso, se o julgasse impossível de ser cumprido pelo homem e se, considerando a tua fraqueza, desanimasses diante do preceito; conforta-te com o exemplo. Mas também o exemplo muito te ajuda, pois está presente aquele que deu o exemplo para dar-te o auxílio* (Santo Agostinho, *Sermão sobre o Salmo 56*). E para que na palavra de dois esteja toda a palavra, ouve São Leão, que diz: *Com razão, Deus insiste no preceito do auxílio* (São Leão, *Sermão 16 sobre a Paixão do Senhor*).

Portanto, o que temes, alma? Entra, com segurança, pelo caminho dos mandamentos, quando o percorrer aquele que, com o poderoso auxílio de sua graça, faz que os caminhos tortuosos sejam endireitados e os ásperos se tornem planos (cf. Is 40,4).

Guiada por esse auxílio, o jugo do Senhor torna-se suave e o peso, leve. E o Apóstolo João declara: *E seus mandamentos não são pesados* (1Jo 5,3). Mas se te parecerem pesados, pensa quanto mais pesados serão os tormentos do inferno e, se não fores insensata, não queiras experimentá-los, mas pensa, torna a pensar e jamais esqueças que agora é o tempo da misericórdia e depois, da justiça; agora és livre de pecar, depois será necessário pagar as pesadíssimas penas; agora o homem pode facilmente reconciliar-se com Deus, com pouco esforço de penitência obter uma grande indulgência e com poucas lágrimas resgatar um estado eterno; e agora, com qualquer obra boa que provenha da virtude da caridade, é possível adquirir o Reino dos Céus; depois, ao contrário, nem com as riquezas de todo o mundo será possível comprar uma única gota de água fria.

Décimo segundo degrau

Pela consideração da grande sabedoria de Deus segundo a grandeza dos corpos

Capítulo I

Com quanta verdade o apóstolo escreveu, no fim da *Carta aos Romanos*, que só Deus é a sabedoria, facilmente há de compreendê-lo quem atentamente quiser considerar a largura, o comprimento, a altura e a profundidade da sabedoria de Deus.

Para começarmos pela largura, percebe-se que a sabedoria de Deus é muito larga, porque Deus conhece distinta e perfeitamente todas as coisas que existem na natureza das coisas, desde o primeiro anjo até o último vermezinho. Ele conhece, integralmente, não só as substâncias, mas também as partes, as propriedades, as virtudes, os acidentes e as ações. Daí vêm as palavras: *Em verdade, tu contaste todos os meus passos* (Jó 14,16); e: *O Senhor olha atentamente para os caminhos do homem, e considera todos os seus passos* (Pv 5,21). E se conta e considera cada um dos passos, quanto mais as ações da mente, quer boas, quer más?

E se Deus sabe o número de nossos cabelos, conforme a palavra do Senhor: *Até os próprios cabelos da vossa cabeça estão todos contados* (Mt 10,30), tanto mais conhece todos os membros do corpo e todas as virtudes da alma. E se conhece o número das areias do mar e das gotas da chuva, como consta no *Eclesiástico* (cf. Eclo 1,2), tanto mais deve-se crer que conhece o número das estrelas e dos anjos.

E se todas as palavras ociosas de todos os homens serão submetidas a julgamento, como testemunha o próprio Senhor (cf. Mt 12,36), certamente seus ouvidos ouvem, ao mesmo tempo, todas as vozes dos homens, não só as vozes dos corpos, mas também das almas, isto é, os pensamentos e os desejos.

Por isso, quanto é grande e quão imensa é esta largura da sabedoria, que compreende, ao mesmo tempo, todas as coisas que são, que foram, que serão e que podem ser? E, no entanto, a mente divina nada perde com tanta variedade de coisas particulares e inferiores, como afirmou a insensata sabedoria de alguns filósofos; com efeito, talvez poderíamos suspeitar isso, se Deus mendigasse a ciência às coisas, como fazemos nós. Mas já que Ele vê todas as coisas na sua essência, não há nenhum perigo de baixeza.

Embora seja muito mais nobre adquirir a ciência pedindo, como acontece com os homens, do que não ter absolutamente ciência alguma, como acontece com os animais; da mesma forma que é superior ser cego, como é nos animais, do que não ter cegueira, mas ser incapaz de ver, como é com as pedras. Os outros membros do corpo não são mais nobres do que os olhos, porque não podem ser cegos, mas os olhos são mais nobres, já que têm a faculdade de ver, ainda que possam também ser cegos, como, corretamente, discute Santo Agostinho nos livros de *A Cidade de Deus* (cf. *A Cidade de Deus*, Livro 12, cap. 1).

Por isso, minha alma, em todo o lugar e tempo, deves estar atenta ao que fazes, ao que dizes, ao que pensas, pois nada fazes, nada dizes, nada pensas, que Deus não veja, não ouça e não saiba. De fato, se não ousas fazer ou dizer nada de mau, ainda que estimulada por um fortíssimo desejo, se julgas ser vista ou ouvida por um homem, como ousas pensá-lo quando Deus o vê ou se indigna? Santo Agostinho na *Regra para as Religiosas* diz: *Mesmo que não seja visto por nenhum homem, o que acontece com aquele supremo observador a quem nada pode ficar escondido? (Epístola, 109).*

E São Basílio, no livro sobre a virgindade, dirigindo-se a uma virgem fechada e só, admoesta-a a reverenciar o Esposo presente em toda a parte e seu Pai e o Espírito Santo, e a inumerável multidão dos anjos e com eles as almas dos Padres santos: *Porque não existe nenhum deles,* diz, *que não veja tudo em toda a parte.*

Ó como serias bem-aventurada, minha alma, se te sentisses sempre neste teatro, também no meio das trevas e do silêncio das noites! Que perfeição de vida estabelecerias, com que diligência evitarias toda a leviandade e divagação!

Realmente, foi isso que, uma vez, o Senhor disse ao Patriarca Abraão: *Anda em minha presença, e sê perfeito* (Gn 17,1), ou seja: Pensa que sempre és visto por mim e, sem dúvida alguma, serás perfeito.

Capítulo II

O comprimento da sabedoria manifesta-se no conhecimento das coisas futuras; de fato, Deus vê com tanta acuidade, que desde a eternidade viu as coisas que deviam acontecer até os últimos tempos, e mais além, por toda a eternidade. Certamente, não se pode imaginar maior comprimento do que este: *De longe*, diz Davi nos salmos, *penetraste os meus pensamentos* (Sl 138,3), e pouco depois: *Conheceste todas as coisas, as novíssimas e as antigas* (Sl 138,5), isto é, todas as coisas futuras e todas as coisas passadas.

Os livros dos profetas estão cheios de predições muito claras e verdadeiras que não foram preditas por eles, mas, como canta Zacarias, *Deus falou pela boca dos seus santos, de seus profetas, desde os tempos antigos* (Lc 1,70). E esta previsão e predição é de tal modo própria unicamente de Deus, que o próprio Deus diz através de Isaías: *Anunciai o que há de acontecer para o futuro, e ficaremos sabendo que vós sois deuses* (Is 41,23). E para considerarmos poucas coisas entre muitas, Isaías diz assim: *Eis o que diz o Senhor a Ciro, meu ungido, a quem eu tomei pela mão, para lhe sujeitar ante sua face as nações* (Is 45,1).

Ali se prediz a monarquia dos persas, e chama com seu próprio nome a Ciro, primeiro rei dos persas e acrescenta a razão pela qual Deus quis exaltar a Ciro, isto é, para pôr fim ao cativeiro da Babilônia, fatos que se realizaram todos cerca de duzentos anos depois.

Também Daniel, pela figura de uma imensa estátua, cuja cabeça era de ouro, o peito de prata, o ventre e as pernas de bronze, e os pés em parte de ferro e em parte de argila, predisse muito claramente quatro monarquias: dos babilônios, dos persas, dos gregos e dos Romanos e no tempo da última monarquia o Reino de Cristo, isto é, a Igreja cristã, maior do que todos aqueles reinos e, depois, descreveu tão claramente as guerras dos sucessores de Alexandre Magno, que alguns infiéis suspeitaram que aquelas coisas foram escritas depois que as guerras terminaram (cf. Dn 2,31-45).

E para omitir outras coisas, o próprio Cristo, em Lucas, chorando a destruição de Jerusalém, que deveria acontecer muitos anos depois, descreveu com tal precisão e minúcias todas as coisas, como se não quisesse narrar a coisa futura, mas a passada (cf. Lc 19,41-44). Omito outras inúmeras predições, das quais, como disse, os livros dos profetas estão cheios.

Porém, os astrólogos e alguns outros adivinhos, que querem ser vistos quase como imitadores de Deus, devem absolutamente ser ridicularizados, pois não pode acontecer que verdadeiramente se anunciem coisas futuras contingentes, e sobretudo as livres, senão uma ou outra vez e por acaso. Pois, já que a vontade de Deus preside e governa todas as causas necessárias, contingentes e livres e, quando lhe apraz, pode impedir as causas inferiores, ninguém pode predizer as verdadeiras, senão aquele a quem Deus quiser manifestar sua vontade, como muitas vezes a manifestou a seus profetas.

E isso é tão verdade que os demônios, principalmente porque queriam se tidos como deuses, pronunciaram oráculos e predisseram as coisas futuras, conforme testemunha Santo Agostinho nos livros de *A Cidade de Deus*.

Mas o mesmo exímio doutor da Igreja, nos livros sobre a adivinhação dos demônios, demonstra claramente serem tão falsas as suas adivinhações, quanto é falsa a sua divindade, pois nada dizem claramente, a não ser aquilo que eles próprios irão fazer, ou que em algum lugar já foi feito, ou então relatam com rapidez como coisas futuras aquelas já acontecidas em regiões longínquas ou aquilo que por sua experiência julgam que vá acontecer, como também os marinheiros costumam predizer muitas coisas dos ventos, os agricultores, das chuvas e os médicos, das doenças.

Os demônios, porém, quando interrogados sobre as coisas futuras que ignoram, respondem com rodeios e palavras equívocas e quando se descobre que são falsas, atribuem a culpa aos intérpretes e aos adivinhos.

Portanto, somente o Senhor nosso Deus, cuja sabedoria é sem limites, pronuncia verdadeiros oráculos e prediz a verdade sobre coisas futuras, ainda que contingentes e livres.

Capítulo III

Na verdade, a altura da sabedoria divina é elevadíssima e supera em muito toda a sublimidade da sabedoria dos homens e dos anjos. A altura da sabedoria é conhecida pela nobreza do objeto, do poder, da espécie e do ato.

O objeto, não só natural, mas também proporcional, da sabedoria de Deus é a própria essência divina, que é tão alta, a ponto de não poder ser alcançada nem pela inteligência humana, nem pela angélica. Por isso, nem mesmo os anjos supremos podem subir para ver a Deus, se não forem elevados pela luz da glória e a razão disso é que Deus é considerado invisível na Sagradas Escrituras: *Ao Rei dos séculos, imortal, invisível, ao único Deus* (1Tm 1,17), diz o apóstolo na primeira carta a Timóteo. E depois acrescenta também que *Deus habita numa luz inacessível* (1Tm 6,16).

Depois, a sabedoria, que em nós é acidental, em Deus é substância divina e, por isso, é muito mais sublime e elevada em Deus do que em nós. A espécie, porém, é tanto mais alta quanto maior número de coisas representa, e por isso, quanto mais universais e menores em número forem as espécies dos anjos, tanto mais elevada, diz-se, é a ciência que possuem. Assim, quanta é a altura da sabedoria de Deus, que não tem outra espécie senão sua essência, que é única e somente ela é suficiente a Deus para representar ou conhecer o próprio Deus, todas as coisas criadas ou a serem criadas ou também as que poderiam ser criadas?

Finalmente, diz-se que aquela ciência ou sabedoria é tanto mais nobre e mais alta quanto, com menor número de atos, conhece maior número de coisas; mas Deus, com um único olhar, que nele sempre é forte e permanece imutável, conhece perfeitamente a si mesmo e todas as outras coisas.

Portanto, deve-se dizer que somente a sabedoria de Deus é nobilíssima e altíssima.

Ergue agora, minha alma, os teus olhos e vê quão longe está a tua ciência da sabedoria do teu Criador. Com efeito, tu, discorrendo cá e lá por muitos atos, mal chegas a conhecer perfeitamente uma única coisa, enquanto que teu Criador, com um único ato, vê claríssima e distintamente todas as coisas e a si mesmo.

E, todavia, tu mesma, que agora jazes nas trevas, se quiseres, podes subir tão alto com as asas da fé e da caridade que, após ter deixado o corpo mortal, transformada de claridade em claridade (cf. 2Cor 3,18), verás o Deus Luz na luz de Deus; e tendo-te tornado semelhante a Deus, tu também, com um só olhar, que permanecerá para sempre, verás a Deus em si, a ti e a todas as coisas ao mesmo tempo.

O que não vê, diz São Gregório nos Diálogos, *aquele que vê todas as coisas? E quanto será aquele prazer*, aquela glória, aquela abundância de todas as coisas, *quando, admitida àquela luz inacessível, participares de todos os bens do teu Senhor?* (São Gregório, *Diálogos*, Livro 4, cap. 33).

A Rainha de Sabá, quando ouviu a sabedoria de Salomão e viu, sabiamente disposta, a ordem dos ministros de sua casa, sentiu-se tão estupefata, que ficou fora de si, como diz a Escritura, e exclamou: *Bem-aventurados os teus homens, e bem-aventurados os teus servos, que gozam sempre de tua presença, e que ouvem a tua sabedoria* (1Rs 10,8).

E o que a sabedoria de Salomão tem de semelhante à sabedoria de Deus, que é o único sábio e é a própria sabedoria? E o que é a ordem dos ministros de Salomão, comparada com as nove ordens dos anjos de Deus, dos quais milhares de milhares o servem, e dezenas de centenas de milhares o assistem? É certo que, se provasses ao menos um pouco dessas coisas, tudo procurarias, tudo farias, tudo suportarias de boa vontade, para poderes merecer a Deus.

Humilha-te, pois, agora sob a poderosa mão de Deus, para que te exalte no dia da visitação (cf. 1Pd 5,6); humilha o intelecto diante da fé, a fim de seres elevada para a visão; humilha também a vontade à obediência dos mandamentos, para seres elevada à liberdade da glória dos filhos de Deus; humilha igualmente a carne à paciência e às fadigas, para que, glorificada, Deus te exalte ao repouso eterno.

Capítulo IV

Resta-nos considerar a profundidade da sabedoria de Deus, que parece consistir principalmente em perscrutar os rins e os corações, isto é, em conhecer os pensamentos e desejos humanos, sobretudo os futuros, pois lemos: *O homem vê o que está patente, mas o Senhor olha para o coração* (1Sm 16,7); e: *Só tu conheces os corações dos filhos dos homens* (2Cr 6,30); e: *De longe penetraste os meus pensamentos, averiguaste os meus passos e o fio da minha carreira; e previste todos os meus caminhos* (Sl 138,3-4); e: *Ele conhece os segredos do coração* (Sl 43,22); e: *Depravado é o coração de todos e impenetrável; quem poderá conhecê-lo? Eu sou o Senhor que esquadrinho o coração e que sondo os afetos* (Jr 17,9-10).

Neste lugar, os intérpretes da Septuaginta traduziram: O coração do homem é profundo e imperscrutável. E São Jerônimo, explicando esta passagem, observa que é perfeitamente possível provar que Cristo é Deus, porque via os pensamentos dos homens, que somente Deus pode ver: *Tendo Jesus visto os seus pensamentos* (Mt 9,4); *Mas ele conhecia os seus pensamentos* (Lc 6,8); *Por que pensais isso nos vossos corações?* (Mc 2,8).

Portanto, todo o pensamento e desejo humano, mesmo presente e realmente existente, é muito profundo, de modo que nem os anjos, nem os demônios, nem os homens conseguem penetrá-lo e investigá-lo; porém, muito mais profundo é o pensamento e o desejo futuro, pois este, não só os homens e os anjos não conseguem penetrar, mas também não podem corretamente penetrar por qual caminho Deus, que é o único a sabê-los, pode investigá-los.

Parece ser isso que Davi queria expressar no Salmo, quando diz: *Maravilhosa acima de mim se mostrou a tua ciência* (Sl 138,6), porque os termos *"ex me"*, na frase hebraica, significam "além de mim", ou "acima de mim", de modo que o sentido é: Tua ciência é tão maravilhosa que não posso compreender como possa ser e, por isso, acrescenta: *É sublime, e não poderei atingi-la* (*Ibid.*), ou seja, está elevada acima do meu entendimento e não poderei compreendê-la, por mais que eleve o pensamento.

Mas fala da ciência dos pensamentos futuros. Pois dissera: *De longe penetraste os meus pensamentos, averiguaste os meus passos e o fio da minha carreira, e previste todos os meus caminhos* (Sl 138,3-4). Do conhecimento antecipado desses pensamentos e caminhos diz: *Maravilhosa acima de mim se mostrou a tua ciência; é sublime, e não poderei atingi-la* (*Ib.* 138, 6).

Talvez, poder-se-ia responder que Deus vê esses pensamentos futuros na sua eternidade, à qual todas as coisas estão presentes, ou na predeterminação de sua vontade. Porém, se assim fosse, essa ciência não seria maravilhosa, porque também nós podemos facilmente saber o que iremos fazer, ou o que nos é agora presente. A Escritura, porém, diz que Deus perscruta os rins e os corações e que ali vê o que o homem deseja, ou o que pensa, ou o que desejará mais tarde, ou o que pensará. E é, realmente, maravilhoso que Deus, perscrutando os rins e o coração, veja o que ainda não está ali e aquilo que depende da liberdade da vontade para ser.

Portanto, da mesma forma que pertence à altura do poder de Deus que do nada faça alguma coisa, que chame as coisas que não existem, como aquelas que existem, assim pertence à profundidade da sabedoria de Deus que, perscrutando os rins e os corações, veja aquilo que ainda não existe, como se já existisse e como, sem dúvida, há de existir.

Capítulo V

Mas porque não assumi discutir questões, mas estimular a alma a elevar-se para Deus, desperta, minha alma, eleva-te acima de ti mesma, como admoesta Jeremias, e pensa naquele profundo abismo da sabedoria de Deus, que perscruta o íntimo do coração e ali vê muitas coisas que o próprio coração não vê (cf. Lm 3,40-41).

Ó muito bem-aventurado Pedro, quando dizias ao Senhor: *Ainda que eu tenha de morrer contigo, não te negarei* (Mt 26,35), certamente não falavas com duplicidade de coração, mas de coração sincero e reto e não vias no teu coração aquela fraqueza que o teu Senhor via nele, quando disse: *Antes que o galo cante a segunda vez, negar-me-ás três vezes* (Mc 14,30). Ora, o muito perito médico via no teu coração a enfermidade que tu não vias; e foi verdade o que predisse o médico e não o que proclamou o doente. Mas agradeça ao médico que, assim como previu e predisse a doença futura, da mesma forma divinamente inspirou à tua alma o poderoso remédio da penitência e logo curou a doença.

Ó bom, ó piedoso, ó sapientíssimo e poderosíssimo médico, purifica-me das minhas culpas ocultas (cf. Sl 18,13). Quantas eu não deploro, nem lavo com lágrimas, por que não as vejo? Esteja em mim a tua graça, tu que perscrutas os rins e os corações e, tu que vês, mostra-me os maus desejos e também as obras más que não vejo; e olhando-me piedosamente, produze uma fonte de lágrimas, para que, enquanto é tempo, sejam lavadas e apagadas por tua graça. Amém.

Décimo terceiro degrau

Pela consideração da sabedoria prática

Capítulo I

Temos considerado a sabedoria teórica de Deus; agora deve ser considerada a sabedoria prática, que também podemos chamar de realizadora. Esta sabedoria tem sua largura, seu comprimento, sua altura e sua profundidade.

Conhece-se a largura pela criação, o comprimento, pela conservação das coisas criadas, a altura, pela obra da redenção, a profundidade, pela providência e pela predestinação.

Então, para começarmos pela criação, Deus fez todas as coisas com sabedoria, como se diz nos *Salmos* (cf. Sl 103,24) e a derramou sobre todas as suas obras, como escreve o *Eclesiástico* (cf. Eclo 1,10). Por isso, assim como pela criação de todas as coisas do nada conhecemos o poder do Artífice, da mesma forma, pela admirável arte que discernimos em cada uma delas, admiramos a sabedoria do Criador. Porque, como diz o sábio, dispôs todas as coisas e cada uma em medida, em número e em peso (cf. Sb 11,21).

E aqui está o sabor com o qual Deus temperou todas as coisas, para que por este sabor conheçamos quanto é saborosa esta sabedoria, e quão amável e desejável.

Por isso, todas as coisas criadas têm uma certa medida, um certo número e um certo peso, quer para que as distingamos de Deus, que não tem medida, porque é imenso; nem número, porque é sumamente um e simples, quanto à essência; nem peso, porque seu valor e preço supera todo o valor e preço, quer porque são boas e belas, com diz Moisés com muita verdade: *E Deus viu todas as coisas que tinha feito, e eram muito boas* (Gn 1,31).

Todas as coisas têm, pois, à medida que lhes é necessária para atingirem o fim para o qual foram feitas; e a essa medida nada se pode acrescentar ou tirar, sem que a coisa se torne feia ou inútil e, por isso, menos boa. *Tudo Ele fez bem a seu tempo,* diz o *Eclesiastes, e nós não podemos acrescentar nem tirar nada ao que Deus fez, a fim de que seja temido* (Ecl 3,11.14).

Por isso, Deus deu uma dimensão amplíssima ao céu, porque, no seu âmbito, deve conter todas as coisas inferiores; deu ao ar uma dimensão muito menor do que ao céu, mas maior do que à terra e às águas que, juntas, fazem um único globo e estão contidas de todos os lados pelo ar.

Ao elefante deu a máxima medida de corpo, a fim de carregar os maiores pesos e as próprias torres cheias de homens. O cavalo é um pouco menor, porque tem sido feito para levar um só cavaleiro. Fez as aves pequenas, para poderem colocar os ninhos nos ramos das árvores; as abelhas e as formigas são pequeníníssimas, para se esconderem nas aberturas das colmeias ou da terra.

A mesma coisa podemos dizer do número. Deus criou um único sol, porque, para iluminar toda a terra e para fazer o dia com seu esplendor, basta um único sol; fez também uma só lua, porque, para iluminar a noite, bastava uma só; quis que as estrelas fossem muitas, para que quando o sol e a lua estivessem ausentes, o que acontece na conjunção do sol e da lua, alumiassem um pouco as trevas da noite.

E Deus determinou não só o número necessário a todas as coisas em comum, mas também constituiu o número das partes de cada coisa, para que nada possa ser acrescentado ou diminuído. Deus deu ao homem dois olhos, dois ouvidos, duas mãos, dois pés, um nariz, uma boca, um peito, uma só cabeça; e a obra apareceu belíssima e perfeitíssima. Inverte a ordem, põe num homem um olho, dois narizes, um ouvido, duas bocas; uma mão e um pé; dois peitos e duas cabeças; nada mais monstruoso e mais inútil poderia ser feito.

Finalmente, Deus atribuiu a cada coisa um peso, isto é, um valor, que sua natureza exigia. Realmente, por peso ou valor, entendemos as qualidades que tornam boas e preciosas as coisas, sendo que três são as qualidades que tornam perfeitas todas as coisas: o número das partes, que é necessário, para que nenhuma coisa falte; a dimensão, ou a adequada proporção das partes; e enfim, as qualidades internas ou externas, como a suavidade da cor na superfície externa do corpo, a força interna, que é útil e necessária para os vários atos.

Mas é absolutamente de admirar, quanta força Deus tem dado a algumas coisas fracas e pequeníssimas, para que se veja que Ele quis mostrar seu poder nas grandes coisas e sua sabedoria nas pequenas. Quem poderá compreender quanta força existe dentro de um grão de mostarda, que é a menor de todas as sementes, que o olho apenas pode ver e, todavia, nela se esconde uma grande árvore, de modo que também as aves moram em seus ramos, como a Verdade afirma no Evangelho (cf. Mt 13,31-32).

E isso não é próprio só da mostarda, mas é comum a todas as sementes, em cuja força se escondem as raízes, os troncos, os ramos, as folhas, as flores e os frutos das maiores árvores. Certamente, se não tivéssemos aprendido isso pela experiência clara, não poderíamos persuadir os homens que de tão minúscula semente poderia nascer tão grande conjunto de coisas muitíssimo diferentes.

E igualmente, quem poderá compreender que nas formigas, nos mosquitos, nas pulgas e em outros animaizinhos minúsculos existam pés que se movem com muita rapidez, exista uma cabeça, um coração, sentidos externos e internos e, de algum modo, embora muito imperfeitamente, existe prudência e juízo? Finalmente, quem poderá compreender que neles, e em outros pequeniníssimos e fraquíssimos animaizinhos desse tipo, existe tanta força para furar e trespassar carnes vivas, de modo que não somente aos homens são muito molestos, mas também os elefantes e os leões são atormentados pelos mosquitos.

Portanto, grande é o Senhor e grande sua sabedoria, tanto nas maiores como nas menores coisas. Certa vez, Galeno, o príncipe dos médicos, embora pagão, ficou admirado diante da competência de Deus, que se observa na mão do homem, que exclamou em louvor ao Criador: *Que deverias fazer tu, Cristão, que não duvidas que, com incrível sabedoria, tenham sido criados pelo mesmo sapientíssimo Criador não só os corpos dos homens e dos outros animais, mas também o céu, as estrelas, os anjos e as almas imortais dos homens?*

Capítulo II

Na verdade, o comprimento da sabedoria prática resplandece na conservação das coisas, assim como dissemos que na criação resplandece sua largura. Por isso, a grande e admirável sabedoria de Deus é vista na conservação e na duração das coisas criadas e, particularmente, das coisas corruptíveis.

Em primeiro lugar, se alguém refletir como Deus nutre e faz crescer as ervas, as plantas, os animais e os próprios corpos dos homens, para que se conservem o mais possível, tomado totalmente de espanto, não poderá admirar suficientemente a sabedoria de Deus; efetivamente, Ele nutre as ervas e as plantes com a terra e a água, e faz que, por alguma força, esse alimento passe das raízes para o tronco, do tronco para os ramos e folhas e frutos e tudo penetre por uma razão e uma maneira verdadeiramente admirável.

Assim também, com as ervas, com os frutos e com a própria carne dos animais nutre alguns animais e os próprios homens, e faz que o alimento entre e penetre em todas as partes do corpo, internas e externas, com tanta facilidade e suavidade, que parece incrível.

Deus age como um médico muito douto e humano, que sabe preparar de tal modo os remédios que os doentes os tomam não só com facilidade, mas também de boa vontade. Também os alimentos, sem dúvida, são medicamentos, que, se não os tomarem com frequência, os mortais não podem evitar a morte.

Mas Deus, nosso amantíssimo e sapientíssimo médico, primeiro colocou o sabor nos alimentos, para que os tomássemos com prazer; depois, variou-os de infinitos modos para evitar o enjoo; enfim, por várias alterações na boca, no estômago, no fígado e no coração, transforma o alimento em suco tão leve e sutil que, sem causar lesão ou dor, passa por todas as veias, pequenas veias e poros do corpo e penetra todas as partes de carne, dos ossos, e dos nervos, sem que nós o sintamos e mesmo enquanto dormimos.

Quando observam essas coisas, os filósofos admiram o cuidado e a arte da natureza. Mas que cuidado pode existir nas coisas inanimadas ou nas que não são dotados de sentido e razão? Por isso, não se deve admirar o cuidado da natureza, mas a sabedoria do Criador, que fez a natureza e encontrou um modo pelo qual se realizassem essas maravilhas.

Ouve a sabedoria de Deus, que fala no Evangelho: *Considerai como crescem os lírios do campo; não trabalham, nem fiam. Digo-vos, todavia, que nem Salomão, em toda a sua glória, jamais se vestiu como um deles* (Mt 6,28-29). Não é, portanto, o cuidado da natureza, mas é Deus que faz os lírios crescerem e se vestirem com roupas tão belas.

A mesma coisa pode-se dizer da nutrição e do crescimento de todos os seres vivos, conforme o testemunho do apóstolo, que diz: *Nem o que planta é alguma coisa, nem o que regra, mas Deus, que dá o crescimento* (1Cor 3,7).

E se a sabedoria de Deus, de maneira tão admirável, apascenta, nutre e conserva na vida mortal as plantas e os animais, pensa, alma, se podes, de que maneira Deus apascenta na vida eterna as almas dos anjos e dos homens? Com efeito, na terra, somos alimentados com alimentos terrenos, mas preparados pela sabedoria divina; no céu, porém, a própria sabedoria é alimento e bebida para os que vivem eternamente.

Ó feliz serás tu, se compreenderes perfeitamente o que significa: Será *Deus tudo em todas as coisas* (1Cor 15,28); o que significa, repito, que Deus, o sumo e infinito bem, é para todos os Santos alimento, roupa, vida e tudo! Certamente terias aversão por todas as coisas presentes e só acharias gosto e procurarias as coisas que são de cima (cf. Cl 3,1-2).

Mas passemos a outras coisas. É igualmente algo semelhante a um milagre que para conservar e propagar a vida dos mortais, Deus tenha atribuído a coisas muito delicadas um movimento contínuo e muito longo, sem se cansarem. Os homens trabalharam simplesmente muito para construírem um relógio, no qual, por força de pesos, as rodas funcionassem, sem interrupção, durante vinte e quatro horas. Com quanta sabedoria, pois, Deus faz que a força nutritiva se realize continuamente e sem interrupção alguma por todo o tempo em que as plantas e os animais vivem? E também que os pulmões e as artérias se movam, sem interrupção, por setenta anos ou mais? Com efeito, é preciso que a força nutritiva aja e que os pulmões e as artérias se movam do início ao fim da vida. Portanto, naqueles que chegarem a viver oitenta ou noventa anos, é necessário que, pelo mesmo tempo, os pulmões e as artérias sempre se movam dentro deles. E antes do dilúvio, quando os homens chegavam até novecentos anos, foi necessário que os pulmões e as artérias, isto é, membros frágeis e tênues, se movessem sempre, pelo espaço de novecentos anos, sem interrupção e descanso algum.

Certamente, aqueles que não admiram essas coisas e, por elas, não conhecem e adoram a sabedoria de Deus, é absolutamente necessário que lhes falte a luz da sabedoria.

Em terceiro lugar, acontece que a sabedoria de Deus, embora, sem trabalho algum dos homens e dos outros animais e também sem a ajuda do sol e das outras causas segundas, pudesse produzir e conservar as ervas e as árvores, e assim todos os seres vivos tivessem preparado o seu alimento, todavia, quis servir-se da ação das causas segundas e do esforço e engenho dos homens e dos outros animais, para que não se debilitassem no ócio, mas utilizassem todas as suas forças.

Quis ainda que, entre os homens, alguns fossem ricos, outros, pobres, para que todos tivessem ocasião de cultivar a virtude e se unissem pelo vínculo da caridade. Com efeito, disso resulta que os ricos exercem a liberalidade e a misericórdia e os pobres, a paciência e a humildade; que os ricos necessitam da ação dos pobres para cultivar os campos, nutrir os animais e, de vários modos, obter o que é necessário a todos; e, por outro lado, os pobres necessitam da ação dos ricos, que lhes forneçam dinheiro e instrumentos, por meio dos quais consigam comprar para si o alimento, as roupas e as outras coisas necessárias.

Os pobres não têm motivo de se queixarem da sabedoria divina, pois Deus, que conhece todas as coisas, a todos ama e deu a cada um aquilo que previu ser mais útil para alcançar a vida eterna, do mesmo modo que, na terra, os médicos prescrevem a alguns doentes uma dieta e fazem uma sangria, a outros permitem o vinho e as carnes e mandam que se divirtam.

Certamente, muitos pobres que agora alcançam a vida eterna, perder-se-iam eternamente se fossem ricos. E embora também os ricos possam ser salvos, se procurarem ser ricos em boas obras e facilmente e de boa vontade derem o que receberam do Senhor comum para ser partilhado e não para ser escondido, todavia, não se pode negar que a pobreza é o caminho mais seguro, mais plano e mais fácil para alcançar a vida eterna do que a riqueza.

Não nos engana o divino Mestre, que diz: *Em verdade vos digo, que um rico dificilmente entrará no Reino dos Céus* (Mt 19,23), e de novo: *Bem-aventurados os pobres, porque vosso é o Reino de Deus* (Lc 6,20) e: *Ai de vós, ricos, porque tendes a vossa consolação* (Lc 6,24).

Tampouco nos engana o apóstolo, quando diz na Primeira Carta a Timóteo: *Os que querem enriquecer caem na tentação e no laço do diabo, e em muitos desejos inúteis e perniciosos, que submergem os homens no abismo da morte e da perdição* (1Tm 6,9).

E aquilo que o Senhor e os apóstolos ensinaram pela palavra, confirmaram-no também pelo exemplo, pois de si mesmo o Senhor diz: *As raposas têm covas e as aves do céu têm ninhos, o Filho do homem, porém, não tem onde reclinar a cabeça* (Lc 9,58); e o apóstolo diz de si e dos seus coapóstolos: *Até esta hora, sofremos a fome, a sede, estamos nus, somos esbofeteados, não temos morada certa* (1Cor 4,11), isto é, não temos casa própria.

Nem se pode duvidar de que a sabedoria de Deus e os filhos e discípulos da sabedoria tenham escolhido um caminho muito plano e muito seguro para alcançar a vida. Mas, porque *o número dos insensatos é infinito* (Ecl 1,15), poucos escolhem espontaneamente esse caminho, e muitos procuram evitá-lo por todos os meios e com todas as forças.

A última coisa na qual se percebe o comprimento da divina sabedoria é que assim como ela é eterna, também deu a todas as coisas um instinto muito vivo para conservar a si mesma e para propagar, por mais tempo que pudesse, a sua vida e o seu ser.

Vemos que os homens, quando percebem estar em perigo de vida, utilizam-se de todos os meios e não poupam ato ou esforço algum. Vemos que todos os animais lutam acima das forças com os mais fortes, para não perderem a vida. Vemos que a lâmpada acesa, quando está próxima da extinção, estimula-se duas ou três vezes e produz uma grande chama, como se quisesse lutar com todas as forças contra a extinção. Vemos que as gotas da água, suspensas às vezes a um lenho ou a uma pedra e prontas a cair por terra, sustentam-se quanto podem para não se dissolverem e se perderem. Vemos coisas pesadas subirem contra a natureza e coisas leves descerem também contra a natureza, para que não se produza um vácuo e, separadas umas das outras, não possam se conservar.

Porém, mais maravilhoso é que Deus, para propagar a espécie, tenha infundido nos pais tão veemente afeto pela prole, que parece absolutamente incrível. Vemos a galinha adoecer pelos pintinhos e, embora doente e fraca, lutar asperamente contra os gaviões, os cães e as raposas. Todos sabem quantas dores e fadigas as mulheres suportam de boa vontade para darem à luz e educar suas crianças. A causa disso é a decisão da sabedoria de Deus que, para alimentar essa propagação, infundiu como uma sombra da eternidade um veementíssimo amor pela prole em todos os animais, também nos brutos e ferozes.

Com efeito, como são muitos os animais, cuja destruição todos os homens procuram, quer para sua própria utilidade, como as lebres, os javalis, os veados, os tordos, as codornizes, as perdizes e quase todos os peixes, quer para não serem nocivos, como os lobos, as raposas, as serpentes e inúmeros outros animais desse gênero, muitas espécies de animais já teriam facilmente desaparecido, se a sabedoria de Deus não tivesse providenciado, por meio dessa afeição, sua conservação e propagação.

Mas se em todos os seres vivos existe tamanho amor natural por esta vida breve e cheia de aflições, quanto deveria ser em nós o amor pela vida bem-aventurada e eterna? Ó cegueira, ó insensatez do gênero humano! Todas as coisas se empenham, acima de suas forças, em prol de uma vida brevíssima, por uma sombra de eternidade; e o homem, dotado de razão, não se digna esforçar-se, não digo além de suas forças, mas com todas as forças.

Todas as coisas, por um instinto natural, têm horror à morte temporal e fogem dela mais do que de qualquer outro mal; e o homem, instruído pela razão e ensinado pela fé divina, não tem horror nem foge da morte eterna, ao menos como costumou fugir e ter horror dos males temporais.

Verdadeiramente, pois, diz o *Eclesiastes*: *O número dos insensatos é infinito* (Ecl 1,15) e com razão diz a Verdade no Evangelho: *Quão estreita é a porta e apertado o caminho que conduz à vida e são poucos os que a encontram* (Mt 7,14).

Capítulo III

A altura da sabedoria prática de Deus é claramente vista na obra da redenção.

Eu não me saciava, diz Santo Agostinho, *de considerar com maravilhosa doçura a altura da tua decisão a respeito da salvação do gênero humano* (*Confissões*, Livro 9, cap. 6).

Realmente, foi uma altíssima decisão a de ressarcir pela ignomínia da cruz todos os danos que a astúcia do diabo causou pelo pecado do primeiro homem e ressarcir de tal maneira que a obra restaurada fosse mais bela do que era antes de começar a precisar de restauração.

Quatro males originaram-se do pecado do primeiro homem: a ofensa de Deus pela soberba e desobediência de Adão; o castigo do primeiro homem e de todo o gênero humano, isto é, a privação da graça de Deus e da bem-aventurança eterna; a aflição dos anjos, aos quais muito desagradou a ofensa a Deus e a miséria dos homens; e a alegria do diabo e de todos os espíritos maus, que se alegravam por terem vencido e prostrado o homem.

A sabedoria de Deus suportou todos esses males e os converteu em bens ainda maiores pelo mistério da cruz, e por isso, com razão, a Igreja canta: Ó feliz culpa, que mereceu tal e tão grande Redentor! Pois, certamente, se uma veste rasgada e lacerada por algum acaso, fosse transformada numa veste nova e preciosa por um alfaiate, com sua arte e com algum ornamento acrescentado, de modo que se tornasse mais elegante e preciosa, com razão, poder-se-ia dizer feliz rasgão, que deu ocasião a tamanha beleza.

Por isso, o primeiro homem, arrastado à soberba pela astúcia e pela inveja do diabo, atingiu a semelhança de Deus e, desobedecendo a Deus, transgrediu o seu mandamento, de modo que assim, de certo modo, usurpou a honra devida a Deus. Mas Cristo, o segundo Adão, que é a sabedoria de Deus, *humilhou a si mesmo, feito obediente até a morte* (Fl 2,8) e restituiu a Deus uma honra muito maior do que aquela que o primeiro Adão lhe tirara pela soberba e pela desobediência.

Com efeito, Adão era um puro homem, e se tivesse obedecido a Deus, teria obedecido numa coisa facílima, pois, que grande dificuldade era para os primeiros homens se absterem dos frutos de uma única árvore proibida, já que havia abundância de muitos e ótimos frutos? Assim, seu pecado foi realmente gravíssimo e tanto mais grave quanto mais fácil era a obediência, já que não continha nada de penoso.

Mas Cristo era Deus e homem, e humilhou-se para obedecer a Deus Pai numa das maiores e muito mais penosas de todas as coisas, isto é, na morte de cruz, cheia de dor e de ignomínia. Portanto, se for considerada a eminência da pessoa e a profundeza da humildade e da obediência, nada pode ser pensado maior, ou mais meritório, ou mais honroso a Deus do que aquela humilde obediência de Cristo. Daí que, com muitíssima verdade, o Senhor dizia no Evangelho: *Glorifiquei-te sobre a terra* (Jo 17,4).

De fato, realmente, Jesus Cristo glorificou a Deus Pai com incomparável glória diante dos anjos de Deus e diante de todas as santas mentes dos profetas e dos outros, que conheceram estas coisas. E se, por causa da humildade do presépio, no nascimento de Cristo, os anjos cantaram *Glória a Deus no mais alto dos céus* (Lc 2,14), com muito maior júbilo cantaram a mesma coisa por causa da humildade de cruz.

Na verdade, se não tivesse pecado, o próprio homem obteria a maior igualdade com os anjos; agora, porém, pela redenção que está em Cristo Jesus, o gênero humano obteve que um homem, exaltado acima de todos os anjos, esteja sentado à direita de Deus e seja cabeça e Senhor dos anjos e dos homens. Afinal, sobre Cristo escreve o Apóstolo Pedro na *Primeira Carta*: *Tendo subido ao céu, e sujeitado a si os anjos, as potestades e as virtudes* (1Pd 3,22), e seu coapóstolo Paulo aos filipenses: *Por isso, também Deus o exalou e lhe deu um nome que está acima de todo o nome, para que, ao nome de Jesus, se dobre todo o joelho no céu, na terra e no inferno* (Fl 2,9-10).

Assim, de modo inefável, o Filho glorificou o Pai pela humildade da paixão; e o Pai, também de modo inefável, glorificou o Filho pela exaltação à sua direita; e esta glorificação caiu de tal forma sobre todo o gênero humano, que são absolutamente ingratíssimos aqueles que não reconhecem este imenso benefício e por ele não dão graças a Deus.

Mas como pode, que não só Cristo, Deus e homem, mas também sua própria Mãe é exaltada acima de todos os coros dos anjos, ela que, todavia, é só pessoa humana e não Deus. Porque, por tanto aumento de glória que lhes foi concedido, se o primeiro homem não tivesse pecado, os homens podem, com razão, exclamar: Ó feliz culpa, que mereceu tal e tão grande Redentor!

Por outro lado, os santos anjos, assim como se entristeceram pela queda do primeiro homem, como se fosse uma gravíssima infelicidade de seu irmão menor, da mesma forma, também foram tomados da maior alegria pela abundante redenção obtida por Cristo. Porque, se no céu há grande alegria diante dos anjos por um só pecador que faz penitência, quanto maior devemos crer que foi a alegria desses mesmos anjos quando viram que a justiça de Deus havia sido plenamente satisfeita para o gênero humano por Cristo homem, e que, pela chave de sua cruz, foram abertos aos crentes os Reinos dos Céus? (cf. Lc 15,7).

E não se deve suspeitar que os santos anjos tenham suportado com dificuldade que Deus tenha elevado o homem Cristo e a beatíssima Virgem acima da eminência dos próprios anjos, pois longe dos anjos está toda a malícia e inveja e eles estão cheios de um verdadeiro e ardentíssimo amor; e o amor não é invejoso, não é orgulhoso e não se entristece com o bem alheio, mas se alegra e se regozija com todos os bens pelo dom de si mesmos, não menos do que se fosse próprio (cf. 1Cor 13,4ss.).

Por isso, com razão, canta a Igreja: Maria é assunta ao céu, alegram-se os anjos. Não diz, entristecem-se, mas, alegram-se os anjos, por verem a Virgem Mãe exaltada acima dos coros dos anjos nos reinos celestes. Afinal, compreendem que isso foi feito com muita justiça por Deus, que nada faz senão sapientíssima e justissimamente e, ao mesmo tempo, têm sua vontade tão unida à vontade de Deus por um laço inseparável e indissolúvel de amor que, o que agrada a Deus, a eles também agrada e de modo algum pode desagradar-lhes.

O diabo, porém, que por algum tempo exultou por ter vencido e prostrado o primeiro homem, sentiu pela vitória de Cristo homem uma tristeza muito maior do que foi a primeira alegria. Porque, com a vitória de Cristo aconteceu que não só os homens, como era Adão, mas também as crianças e as mulheres insultam o diabo e dele triunfam.

Não teria sido vergonhoso ao diabo ser vencido por Adão no paraíso, quando este não era ignorante nem fraco, mas estava armado da justiça original, que de tal forma submetia a parte inferior à razão, que não poderia se rebelar, se, antes, a própria mente não se rebelasse contra Deus.

Mas que o diabo seja vencido pelo homem mortal, peregrino, sujeito à ignorância e à concupiscência, é a máxima desonra; e, todavia, é vencido pela graça de Cristo, e é vencido desse modo para que muitos ergam os troféus da castidade, da paciência, da humildade e da caridade, embora o diabo lhes atire constantemente os inflamados dados das tentações e das perseguições.

Também nisso deve ser sobremaneira admirada a altura da sabedoria de Deus. Com efeito, Deus viu que era necessário ao gênero humano lutar contra as insídias do diabo pelo desprezo aos bens temporais, às vontades da carne, à abundância das riquezas, à glória mundana e a coisas semelhantes, que são os laços do diabo, que submergem os cativos na morte e na perdição (cf. 1Tm 6,10).

Então, o que pensou para que tais coisas fossem amargas aos homens e as contrárias, isto é, a castidade, a pobreza, a humildade, a paciência e, finalmente, o desprezo do mundo se convertessem em doçura? Desceu Ele próprio do céu e, tendo assumido a forma de servo, com seu exemplo, tornou tão doce e suave ao homem doente o remédio necessário, muito amargo e horrendo, que muitos homens amam mais o jejum, do que a bebedeira; a pobreza do que as riquezas; a virgindade do que o casamento; o martírio do que as delícias; obedecer do que mandar; ser desprezado do que ser honrado, submeter-se do que dirigir, humilhar-se do que ser exaltado.

Realmente, quem não se animaria e não se estimularia a imitar a Deus, vendo-o em forma humana, cheio de sabedoria e graça, que não engana nem pode ser enganado, que vive pobre, humilde, paciente, casto e, o que é mais admirável, está pregado à cruz para remir o gênero humano, tendo voluntariamente derramado o precioso sangue e morrido por um ardentíssimo amor?

Esta foi a alta e admirável invenção da sabedoria de Deus, cantada por Isaías: *Publicai entre os povos as suas obras* (Is 12,4). Todavia, até hoje essa altíssima sabedoria de Deus parece tolice, não só aos sábios deste mundo, como diz o apóstolo na *Primeira Carta aos Coríntios*, mas também aos homens carnais e desprovidos de razão que acreditam em Cristo, mas recusam-se a seguir os passos de Cristo, aos quais o mesmo apóstolo chamou de inimigos da cruz de Cristo (cf. Fl 3,18).

Mas tu, minha alma, esforça-te por sugar o mel da pedra e o óleo da rocha duríssima, isto é, a sabedoria da insensatez, a sabedoria de Deus da insensatez da cruz. Reflete, atenta e diligentemente, quem é aquele que pende da cruz e por que pende. E quando tiveres achado que é aquele *que está sentado sobre querubins* (Sl 98,1) e mais, aquele *que está sentado à direita da Majestade nas alturas* (Hb 1,3), facilmente compreenderás que ele não pende da cruz por causa de seus delitos, nem por sua fraqueza, nem pelo poder dos outros, mas voluntariamente, por causa do ardentíssimo desejo de satisfazer a justiça divina pelos pecados de todo o mundo, para a honra e glória de Deus Pai, para a salvação eterna de todos os eleitos e, segundo diz o apóstolo, *para apresentar a si mesmo uma Igreja gloriosa, sem mácula e sem ruga* (Ef 5,27); e, finalmente, por teu amor, isto é, porque te amou e se entregou a si mesmo por ti como hóstia e oblação a Deus, em odor de suavidade (cf. Ef 5,2).

Quando, repito, tiveres encontrado essas coisas, que são a pura verdade, eleva-te com íntimo amor para tão grande Benfeitor e, a seu exemplo, começa a ter uma ardente sede da glória de Deus, da salvação de todos os povos, mas principalmente da beleza e da glória de toda a

Igreja e da tua própria salvação eterna; começa a desejar um perfeito ódio da iniquidade, uma pureza do coração, uma perfeita justiça, para que, um dia, também comeces a desejar ardentemente participar da cruz do teu Senhor, a gloriar-te nas tribulações e nas provações, a fim de que, depois, também sejas participante da Ressurreição com os justos para a glória e não para o castigo com os ímpios.

Capítulo IV

Resta a profundeza da sabedoria prática, que consiste na providência, na predestinação e nos juízos de Deus. De fato, está escrito: *Os teus juízos são um abismo profundo* (Sl 35,7).

Em primeiro lugar, conclui-se que a providência de Deus é realmente admirável porque Deus imediatamente rege e conduz a seus fins todas as coisas criadas, como diz o Sábio: *Ele tem, realmente, o cuidado de todos* (Sb 6,8), isto é, sem exceção alguma, Deus cuida de todas as coisas, de tal maneira que, como diz o Salvador, nem um passarinho cai na terra sem a providência de Deus (cf. Mt 10,29; Lc 12,6).

Quem pudesse contar a multidão das coisas de todo o universo, poderia de algum modo compreender a magnitude da sabedoria de Deus, que rege e dirige cada uma e todas as coisas. Na verdade, um único sumo pontífice poderia governar com providência geral todo o orbe cristão, mas não com medidas particulares, que se dirijam a cada um dos Cristãos. Por esse motivo chama muitos Bispos a participar da solicitude. E um Rei pode governar muitas províncias com providência geral, mas não em particular, que se refira a cada um dos cidadãos, e por causa disso, emprega muitos governadores, ou magistrados ou prefeitos. Deus, porém, cuida de cada um como se fossem todos e de todos como se fosse um indivíduo; um passarinho não é esquecido diante de Deus (cf. Lc 12,6) e os cabelos da nossa cabeça estão todos contados (cf. Mt 10,30) e, na verdade, nem um deles se perde, por causa da providência que sempre exerce sobre nós; os próprios filhotes dos corvos, abandonados pelos pais, não são abandonados por Deus (cf. Sl 146,9).

Com quanta segurança, então, podes descansar, minha alma, no seio de tão grande Pai, também em meio às trevas, na boca dos leões e dos dragões ou no meio de inumeráveis legiões de inúmeros espíritos? Achega-te somente a Ele com amor sincero, com temor santo, com firme esperança, com fé não duvidosa.

A Providência de Deus não cuida somente das coisas individuais e presentes, mas também *atinge fortemente de uma extremidade a outra e dispõe todas as coisas com suavidade* (Sb 8,1); por isso, Deus é chamado *Rei dos séculos* (1Tm 1,17), porque Ele estabeleceu a ordem dos séculos e a sucessão dos reinos e dispôs as vicissitudes e as variações dos tempos desde a própria eternidade.

Nada de novo, nada de imprevisto, nada de omisso pode chegar ao conhecimento de Deus; na verdade, como diz o Sábio, *os pensamentos dos mortais são tímidos, e incertas as nossas providências* (Sb 9,14), pois, das coisas futuras nada temos, senão conjeturas falazes; mas Deus não tem um conhecimento menos certo das coisas futuras do que das passadas e presentes e, antes da criação do mundo, dispôs na sua mente as sucessões e a ordem de todas as coisas; e, por essa razão, a Mãe Igreja, pública e seguramente, canta que a providência de Deus não se engana na sua disposição (oração do 7º domingo depois de Pentecostes).

Todavia, porque a razão da providência divina é ocultíssima e seus juízos, um abismo profundo (cf. Sl 35,7), acontece que algumas pessoas, vendo que se cometem muitos males entre os homens e que permanecem impunes, caem no precipício de crerem que as coisas humanas não são governadas pela providência de Deus, ou que todos os males são cometidos por vontade de Deus, sendo ímpias ambas as opiniões; mas pior é a segunda, conforme escreve Santo Agostinho: *Caem nesses precipícios de erros aqueles que veem parte da providência divina, e parte não veem* (Santo Agostinho, *Sobre a Ordem*, Livro 2, cap. 1) e quando deveriam aguardar a conclusão das coisas, que será manifestada a todos no juízo final, ousam temerariamente julgar antes do tempo e caem em gravíssimos erros.

Por isso, o apóstolo clama na *Primeira Carta aos Coríntios*: *Não julgueis antes do tempo, até que venha o Senhor, o qual não só porá às claras o que se acha escondido nas trevas, mas ainda descobrirá os desígnios dos corações* (1Cor 4,5).

Santo Agostinho ilustra isso com um notável exemplo. Diz ele: Se uma pessoa, colocada diante de um pavimento em mosaico, só pudesse ver uma única pedrinha, criticaria o artífice de não conhecer sua ordenação e sua composição, porque ele vê uma partezinha da obra e não vê todo o conjunto; porém, se visse todas as partes e sua conexão, sem dúvida, admiraria a obra e louvaria o artífice.

Assim também, muitos homens veem que os ímpios vivem na prosperidade, e, ao contrário, tantos justos viveram oprimidos e aflitos; não sabem o que Deus reserva no futuro tanto à iniquidade dos ímpios, quanto à paciência dos justos e assim prorrompem em palavras de blasfêmia, ou falam como aqueles que diziam em Jó: Deus passeia pelos polos do céu, está escondido nas nuvens, não tem cuidado de nossas coisas (cf. Jó 22,14), ou com os outros, que em *Malaquias* dizem: *Todo aquele que faz o mal passa por bom aos olhos do Senhor, e este lhe é agradável* (Ml 2,17).

Em vários lugares, Santo Agostinho costuma trazer outra comparação, tirada das poesias: Se alguém, ao começar a ouvir um poema heroico, logo no início ou no meio disser que o poema não é bom, com razão será acusado de estultice; espere que soem e passem todas as sílabas e, então, repreenda, se o poema não agrada. Assim, são absolutamente estultíssimos aqueles que ousam repreender a ordenadíssima providência de Deus, antes de toda a ordem da Providência estar cumprida.

Portanto, minha alma, se queres ser sábia, esforça-te quanto podes por impedir o mal, pois é Deus que te ordena isso; mas deixa a seu juízo o motivo pelo qual Ele permite o mal, uma vez que o motivo pode ser oculto, porém, jamais injusto.

Capítulo V

Porém, embora seja um grande mistério o modo como a Providência de Deus governa as coisas humanas, todavia, é um mistério incomparavelmente mais profundo a razão de predestinação e reprovação eterna.

Com efeito, por que Deus cumula muitos ímpios com bens temporais e deixa impunes os seus pecados nesta vida; e, por outro lado, por que permite que muitos inocentes sejam oprimidos pela pobreza, sejam injustamente molestados, perseguidos e até mortos; certamente não podemos investigar os casos particulares, podemos, todavia, indicar alguma probabilidade em causas universais.

Muitas vezes, Deus faz com que os ímpios tenham abundância de bens temporais para recompensar algumas boas obras morais deles, já que não há de dar-lhes a vida eterna ou para, com benefícios temporais, atraí-los para a conversão dos pecados e conduzi-los a esperar e desejar os benefícios eternos; na verdade, às vezes, não pune nesta vida os seus pecados, porque há de puni-los suficientemente no inferno; porém, deixa que os justos sejam afligidos pela miséria, pela ignomínia e por diversos tormentos, quer para purificar neste tempo os seus pecados leves, quer para coroar mais gloriosa e esplendidamente sua paciência, sua humildade e outros méritos seus na vida eterna.

Mas quem compreenderá por que Deus tenha amado a Jacó e odiado a Esaú, antes de fazerem algo de bem ou de mal (cf. Ml 1,2-3)? E é isso que o apóstolo admira quando escreve aos Romanos, pois eram gêmeos, filhos do mesmo pai e da mesma mãe, e, todavia, predestinando a um, Deus o amou e, reprovando o outro, o odiou (cf. Rm 9,13). E para que alguém não diga que Deus previu as boas obras de um e os males futuros de outro, o apóstolo antecipou esta resposta, dizendo que isso aconteceu para que, segundo a escolha, permanecesse o propósito de Deus e cita as palavras de Deus relatadas por Moisés: *Compadecer-me-ei de quem eu quiser, serei clemente com quem eu quiser* (Ex 33,19; Rm 9,15).

Quem não ficará igualmente surpreso que um perseverasse por longo tempo nas boas obras e, no fim, abandonasse e se perdesse, como Judas, o traidor; e que outro, por longo tempo perseverasse nas obras más e, no fim da vida, convertido, voasse imediatamente para o paraíso, como o bom ladrão? Dirás: Mas Judas traiu a Cristo, e o ladrão o confessou. Isso, certamente é verdade, mas Cristo não podia olhar para Judas, como olhou para Pedro, e infundir em Judas aquela graça eficaz que nenhum coração endurecido pode rejeitar? E não podia Cristo dar a fé e a penitência a ambos os ladrões que pendiam da cruz com ele, como a deu a um, ou deixasse que ambos terminassem a vida em pecados, como permitiu a um?

E quem poderá dar a razão por que Deus tira a vida de alguns, para que a malícia não mude seus pensamentos, como o sábio diz de Henoc, e a muitos não arrebata, mas deixa que de bons se tornem maus e terminem seus dias naquela malícia? (cf. Sb 4,11ss.)

Que diremos, então, de regiões inteiras que, umas muito cedo, outras muito tarde são chamadas à fé, sem a qual ninguém pode se salvar? Afinal, *quem não crê, já está condenado* (Jo 3,18), e, como diz o apóstolo: *Todo aquele que invocar o nome do Senhor, será salvo. Mas como invocarão aquele em quem não creram? Ou como crerão naquele de quem não ouviram falar? E como ouvirão, sem haver quem lhes pregue, e como pregarão eles se não forem enviados?* (Rm 10,13-15).

Estes são segredos muito elevados e muito profundos, que o Pai colocou no abismo de sua sabedoria e que o apóstolo não abriu, mas admira quando diz: *Ó profundidade das riquezas da sabedoria e da ciência de Deus!*

Quão incompreensíveis são seus juízos e imperscrutáveis os seus caminhos! Pois, quem conheceu o pensamento do Senhor? Ou quem foi seu conselheiro? (Rm 11.33-34).

A única coisa que nos é possível saber é que em Deus não há injustiça alguma e que no último dia não haverá ninguém que, com razão, não possa dizer: *Tu és justo, Senhor, e reto é teu juízo* (Sl 118,137). E além disso, este segredo é útil a todos nós, porque daí resulta que nenhum perverso desespere da salvação, que nenhum justo presuma certa a salvação e que também os homens justos não duvidem da conversão de nenhum perverso, mas rezem por todos e sejam solícitos pela salvação de todos, e que, pelo contrário, ninguém, embora seja bom e santo, se torne insolente, pois ninguém sabe o que trará o dia de amanhã, mas todos, com medo e tremor, procurem sua salvação.

Mas tu, minha alma, consideradas todas essas coisas, esforça-te por tornar certa a tua vocação e eleição por meio das boas obras, como te exorta o Apóstolo Pedro na sua Segunda Carta (cf. 2Pd 1,10). Quais sejam as boas obras que tornam certa a vocação e a eleição, ensina-o o Apóstolo João, quando diz: *Meus filhinhos, não amemos de palavra ou com a língua, mas por obra e em verdade* (1Jo 3,18). Pois o amor é aquilo com o qual ninguém se perde e sem o qual ninguém se salva. Mas o amor é demonstrado pelas obras, como, por exemplo, quando alguém dá esmolas aos pobres ou perdoa as injúrias aos inimigos, não o faz na esperança da retribuição temporal ou por um desordenado afeto às criaturas, mas por íntimo e puro amor a Deus e ao próximo.

E porque não basta começar, mas *quem perseverar até o fim será salvo* (Mt 10,22), o apóstolo diz: *Esforçai-*

-vos, o que quer dizer, aplica-te ansiosa, solícita e diligentissimamente na obra da salvação eterna.

E, na verdade, se existe um provável argumento da eleição divina é que, quando o homem tem mais cuidado pela salvação do que por qualquer outra coisa, não cessa de orar a Deus pelo dom da verdadeira penitência, da verdadeira humildade, da perfeita caridade e da perseverança até o fim e não se contente somente com a oração, mas busque e lute por encontrar o Reino de Deus e sua justiça com todas as forças, como admoestou o Salvador.

Décimo quarto degrau

Pela consideração da misericórdia de Deus

Capítulo I

Nas suas Escrituras, o Espírito Santo exalta com maravilhosos louvores a misericórdia de Deus, a ponto de não hesitar em considerá-la acima de todas as obras de Deus. Com efeito, assim canta o Profeta Davi: *Suave é o Senhor para com todos, e as suas misericórdias estendem-se sobre todas as suas obras* (Sl 144,9).

Facilmente compreenderemos a magnitude desses atributos divinos, se considerarmos, com um pouco mais de atenção, sua largura, seu comprimento, sua altura e sua profundidade.

A largura da misericórdia divina consiste no fato de só Deus poder tirar todas as misérias e de, ao tirar algumas misérias de todas as coisas, faça isso com o amor com que ama as coisas criadas e não por causa de alguma utilidade sua. Certamente, as coisas criadas podem tirar alguma miséria, como o pão tira a fome, a bebida tira a sede, a roupa tira a nudez, a ciência tira a ignorância e assim por diante; mas nenhuma criatura pode tirar toda a miséria.

Além disso, existem algumas misérias tão graves quanto mais ocultas e interiores, às quais só Deus pode dar um remédio; tais são as insídias dos demônios, que são muitos, astuciosíssimos, poderosíssimos e pessimamente animados contra nós; tais são também os erros e as cegueiras da mente e da consciência errônea, que nós mesmos não vemos em nós, de modo que, muitas vezes, nos parece estar bem no homem interior, quando vivemos de modo gravíssimo e periculosíssimo.

Quem nos pode livrar de tais misérias, senão o único médico onipotente? E porque, sem que o saibamos, muitas vezes, Deus misericordiosamente nos livra dessas misérias, com razão, todos os homens podem ser chamados de ingratos a Deus, como o próprio Senhor testemunha, quando diz que o Pai Celeste é benigno com os ingratos e maus (cf. Lc 6,35). De fato, conhecemos apenas a mínima parte dos benefícios de Deus e, na verdade, nem mesmo por ela damos-lhe graças com a devoção e com a humildade, que deveríamos.

Depois, as coisas criadas não só não tiram todas as misérias, mas poucas, e, realmente, nem as tiram de todos, mas de poucos. Somente Deus pode tirar todas as misérias e de todos; e embora não as tire todas de todos, não existe ninguém que não participe de alguma misericórdia de Deus. Por isso, corretamente, canta o Profeta: *A terra está cheia da misericórdia do Senhor* (Sl 32,5) e a Igreja, na Oração, diz: *Deus, de quem é próprio ser misericordioso*. Porque, tirar a miséria cabe àquele que não tem miséria e tirar todas as misérias de todas as coisas, cabe somente àquele que não tem absolutamente miséria alguma.

Ora, quem é absolutamente sem miséria, senão unicamente Deus, que é ato puro, o sumo bem e cuja essência é a bem-aventurança?

Ó alma, se alcançasses compreender com a reflexão qual é a vida do teu Senhor, do teu Pai, vida que é elevada acima de toda a miséria, pura e toda felicidade, como suspirarias de todo o coração atirar-te em seu seio, para que também de ti se pudesse dizer: *O mal não virá sobre ti, e o flagelo não se aproximará de tua tenda* (Sl 90,10).

Mas, dirás, se Deus pode tirar todas as misérias de todas as coisas, por que não faz isso, sendo Ele o *Pai das misericórdias* (2Cor 1,3), isto é, o Pai misericordiosíssimo? De onde provém a abundância de tantas misérias no gênero humano sob o governo do Pai das misericórdias? E por que se diz: *A terra está cheia da misericórdia do Senhor* (Sl 32,5), e não, antes, o contrário: A terra está cheia de toda a miséria?

Certamente, Deus pode tirar todas as misérias, porém, tira somente aquelas que sua sabedoria julgar que devam ser tiradas e, na verdade, a sabedoria divina julga não ser útil aos próprios homens que todas sejam tiradas e que, às vezes, é misericordioso não tirar alguma miséria para preparar o lugar a uma misericórdia maior.

Por três vezes o apóstolo rogou ao Senhor que tirasse dele o estímulo da carne, mas não foi ouvido, porque a virtude se aperfeiçoa na fraqueza (cf. 2Cor 12,7-8). Deus não tirou de Lázaro a miséria da pobreza e das chagas, para que, com maior misericórdia, fosse levado pelos anjos ao seio de Abraão (cf. Lc 16,25).

E onde estariam as obras de misericórdia, tão necessárias para os méritos dos ricos, se não existissem os pobres, os famintos, os sedentos, os nus, os doentes, os peregrinos e os presos? E se faltassem as tentações, os combates com os demônios, onde estariam os triunfos e as coroas das virgens e dos confessores? E se faltassem as fadigas e as dores, onde estaria a coroa da paciência? E se não houvesse perseguidor algum, onde estaria a palma do martírio?

Por isso, neste exílio, as duas coisas são verdadeiras: primeiro, que a terra está cheia de misérias, porque somente os próprios pecados são enormes misérias; segundo, que a terra está cheia da misericórdia do Senhor, pois o que são a conversão dos pecadores, os méritos dos Santos e os outros quase infinitos benefícios espirituais e temporais de Deus, senão contínuas e máximas misericórdias de Deus, nosso Criador?

Rendamos graças ao nosso bom Senhor, porque assim como abundam nesta peregrinação as nossas tribulações, da mesma forma, por sua misericórdia, abunda a nossa consolação (cf. 2Cor 1,5). *Senhor, tua misericórdia chega até o céu* (Sl 35,6), diz Davi, porque ali a misericórdia será sem miséria, pois a misericórdia tira totalmente toda a miséria.

Capítulo II

O comprimento da misericórdia é a longanimidade, ou a paciência, que a Escritura costume unir à misericórdia, como sua parte ou sua aparência. Pois assim fala Davi: *O Senhor é compassivo e misericordioso, paciente e de muita misericórdia* (Sl 102,8) e de novo: *Clemente e misericordioso é o Senhor, paciente e muito misericordioso* (Sl 144,8).

A longanimidade ou a paciência do misericordiosíssimo Pai, nosso Deus, para com o gênero humano é absolutamente admirável, tanto que não encontraremos um igual, nem entre os senhores para com seus servos, nem nos pais com seus filhos, embora ambos sejam homens.

Em primeiro lugar, Deus é longânime com os pecadores, esperando-os com incrível paciência, às vezes, desde o princípio da meninice até sua extrema velhice, tolerando a violação de sua lei, a dilaceração de seu nome e, durante esse tempo, dando-lhes benefícios lá do céu, chuvas e tempos favoráveis aos frutos, enchendo de alimento e de alegria os seus corações (cf. At 14,17), como diz o apóstolo.

E quem entre os homens, seja senhor ou pai, é tão manso e fácil que, vendo-se escarnecido e injuriado pelo servo ou pelo filho e vendo-os perseverar muito tempo nesta perversidade, não acaba finalmente por expulsá-los de sua casa? Mas a misericórdia de Deus não é vencida pela malícia dos homens: *Usa de paciência, não querendo que nenhum pereça, mas que todos se convertam à penitência* (2Pd 3,9), como afirma São Pedro na sua Carta. E o sábio diz: *Tens compaixão de todos*, Senhor, *porque tudo podes, e dissimulas os pecados dos homens para que façam penitência* (Sb 11,24).

Depois, a paciência revela-se ainda maior, porque muitos pecadores, tirados pela graça de Deus do lago da miséria e da lama dos vícios, de filhos das trevas tornados filhos da luz, e de réus da morte eterna chamados à adoção dos filhos de Deus e à esperança do reino celeste, voltando a cair sempre de novo e muitíssimas vezes na anterior torpeza e ingratidão, todavia não são abandonados pela longanimidade de Deus, que os espera e os convida benignamente à conversão; e se de coração fizerem penitência, são recebidos pelo misericordiosíssimo Pai, como filhos pródigos, para o beijo da paz e às antigas honras e dignidades (cf. Lc 15,22-24).

Não foi sem motivo que, a São Pedro que perguntava quantas vezes deveria perdoar as ofensas que o irmão lhe cometeu, se até sete vezes, o Senhor respondeu: *Não te digo que até sete vezes, mas até setenta vezes sete* (Mt 18,22). Na verdade, ele quis que nós fizéssemos o mesmo que Ele fez ao perdoar os que se arrependem. Todavia, Ele não fixou nenhum limite para a reconciliação, senão o fim desta vida. Enquanto o pecador vive, mesmo que, caindo e recaindo, chegar até os cem anos ou mais, é admitido ao perdão das faltas pelo benigníssimo Pai. Nenhuma penitência é tardia junto à misericórdia do Pai, contanto que seja sincera e de coração verdadeiramente contrito e humilhado.

Mas, por isso, ninguém deve abusar da benignidade de Deus e, dia após dia, adiar a conversão, porque ninguém sabe em que hora ou em que dia deixará corpo e há de comparecer perante o tribunal do justíssimo Juiz. Antes, porém, todos deveriam ser convidados e incitados a se converterem para esta tamanha e incrível bondade de Deus. Porém, se o Senhor é tão benigno para com os pecadores que com frequência tornam a cair, quanta será a doçura do Pai para com aqueles que, após terem provado uma vez a graça de Deus, nunca mais podem separar-se ou serem arrancados dela, sejam quais forem as fortes tentações?

Mas existe ainda outra longanimidade de Deus, extremamente maravilhosa e amável, que se usa para tolerar as ofensas dos justos. Ora, por sua infinita benignidade, de inimigos, Deus nos fez amigos, de servos, seus filhos, de réus da morte eterna, herdeiros do seu reino; e, todavia, é tamanha a nossa ingratidão, que diariamente lhe retribuímos o mal pelo bem. Pois se o Apóstolo

Tiago diz: *Todos nós pecamos em muitas coisas* (Tg 3,2), o que devemos dizer nós que estamos tão distantes da perfeição dos apóstolos?

Falamos com Deus na oração e, imediatamente, somos levados pela imaginação a pensar em outra coisa, como que voltando as costas a Deus. Qual o senhor que, nesta terra, suportaria ter seus servos diante de si, a falar com ele e, logo, desprezando o senhor, se voltassem para conversar entre si?

Que direi das palavras ociosas? Dos pensamentos vãos? Das obras inúteis? Dos excessos no comer e no beber, do sono e dos divertimentos? Da negligência nas coisas sagradas? Da omissão de correção fraterna? De inúmeros outros pecados pelos quais continuamente ofendemos a todos? E, todavia, nosso Deus *suave e doce e de muita misericórdia com todos os que o invocam* (Sl 85,5), tolera essa rusticidade e incivilidade e, por assim dizer, tolices de seus filhos que, certamente, os homens não tolerariam de outros homens. É o que Santo Agostinho observa ao tratar do *Salmo 85*, ao comentar as palavras: *Tu, Senhor, és suave e doce* (*Ibid.*), onde deplora a fraqueza humana em evitar as distrações da mente na oração e exalta a mansidão de Deus em tolerar tantas injúrias de seus servos.

Com efeito, Ele conhece a nossa origem e, assim, age conosco como a mãe com seu filhinho, que ela protege e nutre, ainda que, às vezes, seja batida por ele. Mas, embora Deus tolere nossas inúmeras ofensas, pois nem assim quebra a amizade, nem nos priva do direito à herança, todavia, não as deixará impunes no juízo em que prestamos conta das palavras ociosas, a não ser que antes tenham sido apagadas pelas lágrimas, ou pela oração ou por outro tipo de satisfação.

E para que talvez tu, minha alma, não julgues que essas ofensas são leves, e que, enganando-te a ti mesma, as desprezes, ouve o que São Boaventura escreve do Bem-aventurado Francisco, homem verdadeiramente iluminado pela luz divina, na sua vida, cap. 10: *Julgava pecar gravemente se, entregue à oração, vagasse interiormente com vãs fantasias. Quando algo semelhante acontecia, não se abstinha da confissão, mas o expiava imediatamente. Ele convertera de tal modo este esforço em hábito, que raríssimamente suportava esse tipo de moscas. Numa Quaresma, fizera um pequeno vaso a fim de ocupar os pequenos espaços, para que não se perdessem completamente. Como este lhe veio à memória enquanto rezava a hora da Terça e distraísse seu espírito um pouquinho, movido pelo fervor do espírito, queimou o pequeno vaso, dizendo: Sacrificá-lo-ei ao Senhor, pois impediu-me o sacrifício* (*Legenda Maior*, cap. 10.6,5-9).

Ora, a distração da mente na oração ou nos louvores de Deus não é culpa tão leve como muitos pensam; mas grande é a misericórdia e a longanimidade de Deus, nosso Pai, que não se irrita mais gravemente, nem nos pune imediatamente por causa delas.

Capítulo III

Segue a altura da misericórdia de Deus, que se deduz da causa que move a Deus a ter misericórdia. Esta é, realmente, altíssima e elevada acima de todos os céus, conforme a palavra do *Salmo*: *Senhor, tua misericórdia chega até o céu* (Sl 35,6), e: *A misericórdia elevar-se-á como um edifício eterno nos céus* (Sl 88,3).

Alguns homens compadecem-se de outros homens porque necessitam de suas obras, e este é o mais ínfimo grau da misericórdia, pois não ultrapassa a utilidade própria, como também temos compaixão de nossos cavalos, de nossos cães, de nosso gado. Outros têm misericórdia por causa do parentesco, ou da amizade, isto é, porque são filhos, ou irmãos, ou familiares ou são amigos; e este é um grau um pouco mais elevado e começa a ter um sentido de virtude. Outros, enfim, compadecem-se porque são próximos, isto é, homens que, como eles, são criados pelo mesmo Deus e da mesma terra; por isso, não se preocupam se são amigos ou inimigos, bons ou maus, parentes ou estranhos, mas de todos têm misericórdia, pois sabem que foram criados à imagem de Deus. E aqui está o mais elevado grau a que os mortais podem elevar-se.

Mas Deus, na verdade, tem misericórdia de todas as coisas, porque são criaturas suas; e tem misericórdia, especialmente, dos homens, porque são imagens suas; e mais ainda, tem misericórdia, sobretudo, dos justos, porque são seus filhos, herdeiros do reino e coerdeiros do seu Unigênito.

Ora, se perguntares por que Deus criou o mundo? Por que fez o homem à sua imagem? Por que justificou os ímpios? Por que os adotou como filhos? Por que os constituiu herdeiros do seu reino? Simplesmente nada pode ser respondido, senão porque quis. E por que quis? A não ser porque é bom e porque a bondade se difunde e, de boa vontade, se comunica.

Por isso, a misericórdia está edificada no céu (cf. Sl 88,3), e da altíssima morada, isto é, do coração do supremo Pai, desceu à terra e a encheu, para que o profeta cante: *A terra está cheia da misericórdia do Senhor* (Sl 32,5). Portanto, Deus encontra em si mesmo o motivo de ter misericórdia de nós e em nós, o motivo para nos punir.

Então, minha alma, eleva os olhos da mente para aquela altíssima fonte de misericórdia, contempla aquela suma pureza, que não está misturada a nenhum interesse próprio. E quando ouvires o mestre que exorta a todos e diz: *Sede misericordiosos como também vosso Pai é misericordioso* (Lc 6,36), esforça-te, quanto puderes, não só para ter misericórdia de teus companheiros de servidão, mas também de ter misericórdia com o puro afeto pelo qual o Pai celeste tem misericórdia de nós.

Se perdoares a injúria daquele que deprecia, ou daquele que calunia, perdoa de coração, esquecendo para sempre toda a ofensa, pois também nosso Pai esquece os nossos pecados, como escreve o Profeta Ezequiel (cf. Ez 18,22), e como diz Davi: *Quanto o oriente dista do ocidente, tanto afastou de nós os nossos crimes* (Sl 102,12), isto é, para que não nos causem mais danos.

Se deres esmola a um pobre, sabe que recebes mais do que dás, porque quem se compadece do pobre empresta ao Senhor (cf. Pv 19,17) e, assim, dá humilde e reverentemente, não como se fosse uma esmola a um pobre, mas um presentinho ao príncipe.

Se sofreres algum incômodo para seres útil ao próximo necessitado, pensa quanto estás longe do teu Senhor que, para ser-te útil, deu a vida e o sangue. E assim aconteça que, sem esperança de recompensa terrena, sem estímulo algum de vanglória, mas unicamente por puro amor a Deus e ao próximo andes na virtude da misericórdia.

Capítulo IV

Resta que deve ser considerada a profundidade da misericórdia de Deus e, como a altura da misericórdia resplandece particularmente na causa, da mesma forma sua profundidade parece que deve ser buscada nos efeitos.

Por isso, deve ser chamada, absolutamente, pouco profunda e superficial a misericórdia que provém só de palavras; mais profunda, porém, é aquela que ajuda e conforta os infelizes não somente com palavras de consolo, mas também com benefícios; profundíssima é aquela que ajuda os miseráveis não somente com palavras e doações, mas também padecendo e assumindo suas fadigas e suas dores.

Ora, o nosso Deus, cuja misericórdia é sem limites, de todos os modos teve misericórdia de nós. Em primeiro lugar, enviou-nos cartas de consolação, que são as divinas Escrituras, das quais os Macabeus dizem: *Temos por consolação os santos livros, que estão em nossas mãos* (1Mc 12,9); e Deus nos fala não só por essas cartas, prometendo-nos auxílio e proteção, mas também pelos sermões dos pregadores, que desempenham as funções de embaixadores de Cristo (cf. 2Cor 5,20) nesta nossa peregrinação e pelas inspirações internas. *Ouvirei*, diz Davi, *o que o Senhor Deus me disser, porque Ele anunciará a paz ao seu povo e aos seus santos e àqueles que se convertem de coração* (Sl 84,9).

Depois, os benefícios da misericórdia de Deus para nossas muitas misérias, quer espirituais, quer temporais, são tão numerosos que não podem ser contados, pois, em todo o lugar, Ele nos *coroa da sua misericórdia e das suas graças* (Sl 102,4), isto é, cerca-nos de todo o lado com os benefícios da sua misericórdia.

Em terceiro lugar, a misericórdia de Deus desce pelo mistério da encarnação para as fadigas e os sofrimentos, para a fome e a sede, para a ignomínia e os opróbrios, para as contusões e as feridas, para a cruz e a morte, a fim de nos remir de toda a iniquidade e da morte eterna, que se devia pela iniquidade. Existe algum abismo mais profundo, ao qual a misericórdia de Deus poderia descer? Existe, absolutamente. Afinal, não fez isso por dever, mas por graça: *Foi oferecido porque Ele próprio quis* (Is 53,7).

Com efeito, quem forçou o Filho de Deus, que não julgou ser uma rapina o ser igual a Deus, mas aniquilou-se a si mesmo, tomando a forma de servo (cf. Fl 2,6-7), a fazer-se pobre por nós, para nos enriquecer com sua pobreza (cf. 2Cor 8,9), a humilhar-se até a morte e morte de cruz (cf. Fl 2,8), para nos dar a vida e nos elevar? Certamente foi forçado unicamente pelo amor, foi estimulado somente pela misericórdia.

Mas existe algo ainda mais profundo, pois, na obra de nossa salvação, quis comunicar-nos sua glória e sua honra. Parecia bastante adequada aquela divisão dos anjos: *Glória a Deus no mais alto dos céus e paz na terra* (Lc 2,14): a honra a Deus, o proveito aos homens; mas a misericórdia de Deus quis que todo o proveito fosse nosso e que parte da glória fosse dele e parte nossa. Quis, realmente, conferir-nos a graça, pela qual pudéssemos cooperar para a nossa salvação e merecer, verdadeiramente, a vida eterna, que Cristo nos mereceu; e não porque o mérito de Cristo não fosse suficiente, mas para comunicar-nos o louvor e a glória da própria salvação. Por isso, diz-se no Evangelho: *Paga-lhes o salário* (Mt 20,8) e o apóstolo gloria-se, dizendo: *Para mim está reservada a coroa da justiça* (2Tm 4,8).

Por fim, a misericórdia de Deus é profundíssima, sobretudo, para com os homens piedosos e tementes a Deus, porque supera o afeto do pai e da mãe, que, na terra, nós não conhecemos um que seja maior.

Ouve o Profeta Isaías: *Porventura pode uma mulher esquecer-se de seu menino de peito, de sorte que não tenha compaixão do filho de suas entranhas? Porém, ainda que ela se esquecesse dele, eu não me esquecerei de ti* (Is 49,15). Ouve Davi: *Como um pai se compadece de seus filhos, assim o Senhor se compadece daqueles que o temem* (Sl 102,13).

E para não dizeres que existem também pais, cujo amor aos filhos, às vezes, transforma-se em ódio, sobre a misericórdia de Deus para com seus filhos, Davi acrescenta: *A misericórdia do Senhor estende-se desde a eternidade, e até a eternidade sobre os que o temem* (Sl 102,17). Desta duração, assegura-nos o apóstolo quando, na *Segunda Carta aos Coríntios*, chama Deus de *Pai das misericórdias e Deus de toda a consolação* (2Cor 1,3).

Por isso, Deus não é somente o Pai daqueles que o temem, mas o Pai misericordiosíssimo e sempre pronto a consolar, pois afasta de seus filhos as misérias das aflições e das tribulações que Ele julga proveitoso afastar e, assim, mostrar-se o Pai das misericórdias; e para, facilmente, suportar as misérias que Ele julga proveitoso não afastar, oferece uma inefável consolação, na qual Ele demonstra ser o Deus de toda a consolação.

Ora, o apóstolo diz: *de toda a consolação por dois motivos. Primeiro, porque Deus sabe consolar os seus em toda a espécie de tribulação, coisa que, certamente, o mundo não pode fazer, porque, muitas vezes, não compreende a causa das tribulações. Da mesma forma que os amigos de Jó eram consoladores inoportunos, segundo o que ele próprio diz, porque não conheciam a causa da doença, e aplicavam remédio onde não convinha* (Jó 16,2ss.), ou porque a tribulação, às vezes, é tão grande que nenhuma consolação pode desfazê-la. Mas Deus, médico sapientíssimo e onipotentíssimo, pode curar absolutamente toda a doença e, por isso, o apóstolo diz: *O qual nos consola em toda a nossa tribulação* (2Cor 1,4).

Em segundo lugar, é chamado Deus de toda a consolação, porque sabe consolar tão plena e abundantemente que prefere sofrer tribulações acompanhadas de tal consolação, do que ficar privado, ao mesmo tempo, de umas e de outras. Foi o que aconteceu a Teodoro, o adolescente Confessor na perseguição de Juliano, o Apóstata, que durante dez horas inteiras foi torturado com tanta crueldade e por tantos diferentes algozes, que não há lembrança, em época alguma, de algo semelhante; e, entretanto, durante todo esse tempo, cantou Salmos de Davi; e só começou a se mostrar triste quando foi ordenado que fosse solto, por causa da imensa consolação que recebia pela presença do anjo enquanto era torturado, segundo escreve Rufino.

Então, não surpreende que o apóstolo diga: *Estou cheio de consolação, estou inundado de alegria no meio de todas as nossas tribulações* (2Cor 7,4), e no início da Epístola: *O qual* (Deus) *nos consola em toda a nossa tribulação, para que também nós possamos consolar os que estão em qualquer angústia* (2Cor 1,4).

O que te parece, minha alma, desta tão ampla, tão frequente, tão pura e tão imensa misericórdia do Senhor, que não precisa de nossos bens e, todavia, pela abundância de seu amor, é tão solícito com seus pequenos servos, como se todo o seu bem dependesse deles? Quais são, pois, as ações de graças que lhe dá? O que poderás fazer para não seres ingrata por tanta misericórdia?

Ao menos, esforça-te, quanto podes, para lhe agradar e cumprir o que lhe agrada. E porque está escrito: *Sede misericordiosos como também vosso Pai é misericordioso* (Lc 6,36), e: *Tem piedade de tua alma, procurando agradar a Deus* (Eclo 30,24), primeiramente, começa a investigar com solicitude as misérias da tua alma. Pois, na verdade, as misérias do corpo são evidentes e não é necessário admoestar o homem a ter misericórdia do seu corpo, porque se o corpo ficar um só dia sem comida nem bebida, ou passar uma única noite sem dormir, ou casualmente ficar doente ou ferido, logo se lamenta e ruge e, com grande solicitude, é socorrido.

A alma, porém, faz jejum de seu alimento por semanas inteiras, ou sofre pelas feridas recebidas ou também jaz morta, e ninguém tem cuidado dela, ninguém tem piedade.

Portanto, visita, com muita frequência, a tua alma, examina cada uma de suas faculdades, se progridem no conhecimento e no amor ao verdadeiro bem, ou, ao contrário, continuam na ignorância, definham pelas diferentes cobiças, ou ainda a mente seja cegada pela malícia e a vontade corrompida pelo mal da inveja ou da soberba. E se algo disso encontrares, clama ao Senhor: Tem misericórdia de mim, porque estou enferma. Procura os médicos espirituais, aplique os remédios oportunos.

Depois, tem piedade das outras almas, das quais um número infinito se perde e, todavia, Cristo morreu também por elas.

Ó alma, se verdadeiramente soubesses o preço das almas, que foi o precioso sangue do Filho de Deus e, ao mesmo tempo, a grandíssima carnificina que sofrem pelos lobos infernais e pelos demônios que rugem como leões, certamente não deixarias de ter piedade delas de toda a tua alma, e, quer pela oração a Deus, quer por qualquer outro meio que pudesses, procurarias libertá-las.

Finalmente, tem piedade também das necessidades corporais do próximo, não de palavra ou de língua, mas por obra e em verdade, recordada da palavra do Senhor: *Bem-aventurados os misericordiosos, porque alcançarão misericórdia* (Mt 5,7).

Décimo quinto degrau

Pela consideração da grande justiça de Deus pela semelhança da grandeza corporal

Capítulo I

Nas Sagradas Escrituras, a justiça de Deus é entendida de quaro maneiras: Em primeiro lugar, como justiça universal, que contém todas as virtudes, e é a mesma coisa que santidade, ou bondade, e, assim, nos *Salmos*: *O Senhor é fiel em todos os seus caminhos, e santo em todas as suas obras* (Sl 144,13).

Em segundo lugar, é entendida como verdade, ou fidelidade, e, assim, em outro Salmo: *Para que sejas encontrado justo nas tuas palavras* (Sl 50,6).

Em terceiro lugar, como justiça distributiva dos prêmios, e, assim, na *Segunda Carta a Timóteo*: *Para mim está reservada a coroa da justiça, que o Senhor, justo Juiz, dar-me-á naquele dia* (2Tm 4,8).

Finalmente, como justiça vingadora dos pecados, e, assim, em outro salmo: (O Senhor) *fará chover laços sobre os pecadores; o fogo, o enxofre e as tempestades são a parte que lhes toca, porque o Senhor é justo e ama a justiça* (Sl 10,7-8).

Portanto, a grandeza da justiça divina nos será de algum modo conhecida se considerarmos a largura de sua justiça universal; o comprimento da justiça, isto é, de sua verdade e fidelidade; a altura de sua justiça, que distribui os prêmios no céu; e a profundidade da mesma justiça que pune os ímpios com eternos suplícios no inferno.

Para começarmos pela largura, chama-se justiça universal nos homens, aquela que dispõe o homem a agir bem em todas as ações, de acordo com todas as leis; e por isso, compreende todas as virtudes, tanto teológicas, quanto morais.

Mas existe uma virtude que, em seu seio, abrange todas as virtudes, rege os atos de todas as virtudes e os dirige ao fim último, e se chama caridade; e esta virtude, embora, em si, seja particular, e seja uma das teológicas, todavia pode, com razão, ser chamada também de justiça universal. De fato, ela dispõe o homem a agir bem com relação a Deus e ao próximo e, por isso, cumpre toda a lei.

É o que afirma o apóstolo: *O amor ao próximo não faz o mal*. E: *Aquele que ama o próximo, cumpriu a lei*. E: *O amor é o complemento da lei* (Rm 13,10.8). E Santo Agostinho, no livro sobre *A natureza e a graça*, diz: *A caridade começada é a justiça começada; a caridade adiantada, é a justiça adiantada; a caridade grande, é a justiça grande; a caridade perfeita, é a justiça perfeita* (*A natureza e a graça*, cap. 70).

Em Deus, porém, estão todas as virtudes, que não pressupõem imperfeição alguma; e, em lugar daquelas que pressupõem imperfeição, existe algo muito melhor e mais excelente e, por isso, não lhe falta bondade alguma;

ao contrário, nele a bondade e a santidade é tanta e tão infinita que, com a maior das razões, só Ele merece ser chamado de bom e santo.

Por isso, em Deus não existe a fé, virtude teologal, porque a fé é uma das coisas que não se veem, e Deus vê todas as coisas; em Deus não existe esperança, porque a esperança é a espera dos bens futuros, mas Deus nada espera, pois possui tudo desde a eternidade; em Deus não existe o arrependimento do pecado, porque Deus não pode pecar; não existe a humildade, porque esta refreia o homem, para que não se eleve acima de si próprio, mas permaneça no seu lugar; Deus nada tem acima de si para onde possa elevar-se, sendo Ele o Altíssimo.

Em Deus, porém, existe a rainha de todas as virtudes, a mais ampla caridade, absolutamente infinita e imensa, pois Ele ama a si mesmo com infinito amor, porque unicamente Ele conhece perfeitamente o infinito bem, que é sua essência; igualmente ama todas as coisas que fez, como afirma o sábio: *Amas todas as coisas que existem, e não aborreces nada do que fizeste* (Sb 11,25).

Por sua sabedoria, Deus sabe ainda distinguir o mal do bem, isto é, o defeito, por natureza, mesmo nos demônios e nos piores homens; e ama a natureza, que fez; ao defeito, que não fez, tem ódio.

Finalmente, em Deus a caridade é tão verdadeira, que o próprio Deus quis ser chamado caridade, como afirma São João, quando diz: *Deus é caridade* (1Jo 4,8).

O nosso amor, porém, comparado com a caridade divina, é estreitíssimo, porque existem muitas coisas que não amamos porque não as conhecemos; e também muitas delas, que conhecemos, não as amamos, porque não é fácil discernirmos nelas o bem do mal; além disso, não amamos bem muitas coisas boas e, por isso, não amamos com verdadeira caridade, porque somos maus e servimos mais à cobiça do que à caridade. A Deus, porém, amamos com amor imperfeito, não somente porque não o amamos tanto quanto sua bondade mereceria, medida que nem sequer os anjos atingem, mas também porque amamos menos do que devemos e também menos do que poderíamos se nos aplicássemos com mais vigilância e diligência à oração e à meditação.

Esta rainha das virtudes é acompanhada no Senhor das virtudes por uma magnificência extraordinária, por uma liberalidade muito grande, por uma incrível benignidade e humanidade, por uma paciência e longanimidade inaudita, por uma compaixão e suavidade mais do que paterna, por uma verdade e uma fidelidade nunca deficiente, por uma misericórdia que enche o céu e a terra, por uma justiça muito reta e inflexível e, finalmente, por uma santidade puríssima e muito luminosa, que diante dela as estrelas perdem o brilho e os serafins, arrebatados de espanto, clamam: *Santo, Santo, Santo, é o Senhor Deus dos exércitos* (Is 6,3).

Ó minha alma, se tu considerasses atentamente estas coisas, com quanto temor e tremor permanecerias diante de Deus em louvor e oração? E, principalmente, diante do santo altar, na presença dos anjos, com que reverência e humildade oferecerias ao eterno Pai o seu Filho unigênito para a salvação dos vivos e dos mortos?

Capítulo II

Mas vamos às outras coisas. O comprimento da justiça de Deus manifesta-se na verdade e na fidelidade: *O*

Senhor é fiel em todas as suas palavras (Sl 144,13), diz o profeta, isto é, as promessas do Senhor, também aquelas pronunciadas há muitos séculos pela boca dos profetas, nunca serão ou foram vãs; são mais estáveis e sólidas do que o céu e a terra, pois como diz o Senhor: *É mais fácil passar o céu e a terra, do que cair um só ponto da Lei* (Lc 16,17). Porém, por Lei, o Senhor entende não só os mandamentos, mas também a verdade de todas as promessas. Com efeito, o que o Senhor mandou, deve ser absolutamente cumprido, ou sofrer o castigo; e o que prometeu é estabelecido com eterna firmeza; por isso, também, o mesmo Senhor diz: *O céu e a terra passarão, mas as minhas palavras não passarão* (Mt 24,25), e Isaías: *A palavra de nosso Deus permanece para sempre* (Is 40,8), e Davi: *Todos os seus mandamentos são imutáveis, confirmados em todos os séculos* (Sl 110,8), e o apóstolo: *Deus é verdadeiro, e todo o homem é mentiroso* (Rm 3,4), e: *É impossível que Deus minta* (Hb 6,18) e a razão disso é que Deus não pode enganar-se, porque é a sabedoria; nem enganar, porque é a bondade; nem pode falhar, porque é a onipotência.

Mas os homens, embora sábios, embora bons, embora poderosos, podem enganar-se e enganar, porque não sabem tudo, nem podem realizar todas as coisas que querem, e também, aqueles que são bons quando prometem, podem pouco depois, tornar-se maus e não querer cumprir o que prometeram.

Por isso, minha alma, se quiseres ser sábia, confia unicamente em Deus, achega-te somente a Ele e põe somente nele toda a tua solicitude. Com diligência, caminha com o Senhor, teu Deus, e Ele cuidará de ti. Esforça-te, com todas as forças, para não ofenderes sua justiça e sua misericórdia sempre te protegerá, e não temerás o que possa fazer-te o homem, ou o diabo.

Capítulo III

A altura da justiça de Deus revela-se na retribuição do prêmio celeste, que o próprio Deus, como supremo e justíssimo Juiz, preparou para aqueles que viveram piedosa e justamente.

Primeiramente, conheceremos qual é a grandeza desta justiça, se comparamos o Deus Juiz com os homens igualmente juízes; em segundo lugar, se comparamos recompensa com recompensa, isto é, o prêmio que será dado por Deus, com aquele que os homens costumam dar.

Os homens que são juízes, ou também os príncipes, ou prelados, que têm súditos ou servos, por muitas razões, não dão sobretudo a justa recompensa a quem é devida. Pois, ou não podem dá-la, por não terem tanta abundância de bens que sejam suficientes para remunerar os méritos de todos; ou não conhecem todos os méritos dos súditos; ou certamente não conhecem o justo valor dos méritos, já que depende da sinceridade e da dedicação da alma; ou por sua maldade e avareza, ou por outra perversa paixão não querem dar a justa recompensa pelos justos trabalhos dos súditos; ou, finalmente, porque chegam à morte antes de lhes darem os devidos prêmios; ou porque aqueles a quem são devidos terminem seus dias antes de começar a gozar a recompensa de suas fadigas.

Mas Deus dá a todos os justos e por todas as boas obras não só os prêmios justos, mas também acima do mérito. Com efeito, que mérito mais vil e mais obscuro pode-se imaginar do que dar um copo de água fresca a quem tem sede? E, todavia, também para este Deus prometeu uma recompensa (cf. Mt 10,42). E, sobre a larga retribuição prometida pelo Senhor, escreve Lucas: *Uma boa medida, cheia, sacudida e transbordante vos será lançada no seio* (Lc 6,38).

E não há perigo que a Deus falte a abundância das coisas com as quais possa retribuir a todos os justos, sendo que Ele é o Senhor de todas as coisas e pode, somente com uma palavra, multiplicá-las e aumentá-las imensamente. Nem se deve temer que, ao investigar o número e o valor dos merecimentos, Ele se engane, já que é sapientíssimo e a seus olhos tudo fica claro e Ele próprio perscruta os rins e o corações dos seus servos que praticam o bem para compreender com que espírito, com que intenção, com que fervor, com que diligência fizeram todas as coisas.

E ninguém poderá suspeitar que, em Deus, exista a má vontade de fraudar da justa recompensa os seus pequenos servos e seus filhinhos, porque Ele é fiel em todas as suas palavras. Finalmente, Ele não pode morrer, porque, antes de mais nada, é imortal e por Ele vivem todas as coisas, de maneira que não há perigo algum que, sobrevindo a morte, seja, por qualquer motivo, impedida a devida recompensa.

Por isso, permanece certo e confirmado que todas as boas obras de todos os homens justos serão remuneradas com digna recompensa por Deus, justo juiz; e também que é muito seguro tratar com Deus de obras meritórias e de recompensas, e é perigoso e insensato pôr a confiança nos homens ou esperar deles os justos prêmios pelos esforços.

Comparemos agora recompensa com recompensa, as divinas com as humanas, as celestes com as terrenas. Pergunto: O que os homens podem retribuir àqueles que trabalham para eles todos os dias, ou passam todas as noites sem dormir, ou dão a própria vida nas batalhas? Ó cegueira humana! O que podem retribuir, senão coisas pequenas, vis e abjetas e que durarão por brevíssimo tempo? Deus, porém, retribui com coisas grandes, sublimes, eternas; e, no entanto, aquelas são procuradas, e estas, desprezadas.

São João Crisóstomo, ao comentar São Mateus, compara os palácios, as cidades e os reinos deste mundo, que os homens tanto admiram, com aquelas construções de barro que as crianças fazem com a argila; mas, na verdade, as casinhas e os pequenos edifícios que as crianças constroem com grande esforço, são simplesmente ridicularizadas pelos adultos; e muitas vezes, também, quando o pai ou o professor vê as crianças negligenciarem o esforço pelo estudo para se ocuparem com aquelas ninharias, destroem tudo com o pé, e aquilo que fora feito com grande esforço, num momento, é derrubado com muita facilidade.

Precisamente assim, os grandes palácios, as torres, os castelos, as cidades e os reinos dos mortais são casinhas de lama se forem comparados com os bens celestes e eternos, e os próprios santos anjos, que os observam do céu, riem-se deles e, muitas vezes, são desfeitos pelo Pai Celeste como se nada fossem, para compreendermos, quanto todas essas coisas são vãs. Mesmo que agora todas essas coisas sejam percebidas por poucos, no dia do juízo, porém, serão compreendidas por todos, quando já pouco ajuda compreendê-las.

Santo Hilário, no comentário ao cap. 10 de Mateus, diz: O dia do juízo revelará que todas essas coisas são nulas e vãs. Todavia, expliquemos um pouco mais explicitamente quais são as recompensas celestes desprezadas por muitos que procuram essas recompensazinhas terrenas.

Em primeiro lugar, no reino celeste haverá muitos bens, ou melhor, todos os que se possam desejar; por isso, serão bem-aventurados todos aqueles que habitarem nesse reino e a bem-aventurança é o cúmulo perfeito pela agregação de todos os bens. Portanto, ali estarão os bens do espírito, a sabedoria e as virtudes; os bens do corpo, a beleza, a saúde, a força; os bens externos, as riquezas, o prazer e a glória. Além disso, todas estas coisas estarão em grau máximo, perfeito e muito excelente. Pois Deus, que mostrou seu poder ao criar o mundo do nada, sua sabedoria no governo e na providência, sua caridade e bondade na redenção do gênero humano pelo mistério da Encarnação e Paixão de seu Filho, demonstrará agora a magnificência de sua glória e a munificência de sua liberalidade na distribuição das recompensas, das palmas e das coroas àqueles que triunfarão sobre o inimigo, o diabo.

E então, a sabedoria não será uma especulação da divindade sobre as coisas criadas, mas a própria visão aberta da essência de Deus, da causa de todas as causas e da própria primeira e suma verdade, pela qual, por uma refulgentíssima visão, as almas dos justos brilharão com uma luz tão esplêndida, a ponto de, ao falar da glória futura, São João dizer: *Seremos semelhantes a Ele, porque o veremos como Ele é* (1Jo 3,2).

Desta suma sabedoria procede a caridade, rainha das virtudes, tão ardente que, sempre unida ao Sumo Bem, não quer nem pode separar-se dele. Assim, toda a alma e todas as suas faculdades permanecerão firmes em ótimo estado: o corpo brilhará como o sol, conforme testemunha o próprio Senhor, quando diz: *Então, os justos resplandecerão como o sol no Reino de seu Pai* (Mt 13,43), e esta será a sua beleza; sua saúde será a imortalidade; sua força, a impassibilidade.

Por fim, o corpo, que agora é animal, então será espiritual, isto é, ao primeiro sinal, obedece ao espírito, de modo que superará os ventos em agilidade e pela sutileza penetrará os muros. Realmente, as riquezas consistirão em não precisar de coisa alguma, e em possuir a Deus e, em Deus, todas as coisas, pois lhes *confiará o governo de todos os seus bens* (Mt 24,47).

O que direi sobre o prazer, se está escrito: *Embriagar-se-ão com a abundância da tua casa, e tu os farás beber na torrente de tuas delícias*? (Sl 35,9). Que mente poderá imaginar qual seja o prazer de gozar do Sumo Bem? Ver a própria beleza? Provar a própria suavidade? Entrar no gozo do Senhor, isto é, tornar-se participante daquele prazer que faz Deus ser bem-aventurado?

A honra e a glória dos Santos superam toda a eloquência, pois no teatro do mundo inteiro, dos homens todos e dos anjos, todos os Santos serão louvados pelo próprio Deus e coroados como vencedores e, o que supera toda a dignidade, serão colocados no próprio trono de Cristo, como participantes do reino. Afinal, assim lemos no *Apocalipse*: *Aquele que vencer, eu o farei sentar comigo no meu trono, assim como eu mesmo venci, e me sentei com meu Pai no seu trono* (Ap 3,21).

O profeta admirava esta sublimidade da honra ao dizer: *Vejo que honraste sobremaneira os teus amigos, ó Deus, muito se fortaleceu o seu império* (Sl 138,17). Se a essa multidão e excelência de bens, acrescentarmos, como inefável graça, a eternidade, quem poderá compreender a grandeza da suprema felicidade? E, todavia, aquilo que mal compreendemos pelo pensamento, prová-lo-emos pela posse se, vivendo piedosa, justa e sobriamente, alcançarmos um dia aquela bem-aventurada pátria, pois, na verdade, durarão para sempre aqueles bens que, pela graça de Deus, agora são adquiridos com fadigas passageiras pelos servos de Cristo.

Que dirás agora, minha alma? Agradar-te-á mais correr atrás dos brinquedos das crianças, construindo casinhas de lama, e ser privada da posse do reino verdadeiramente eterno? Preferirás, talvez, o que só em pensá-lo é horrível, ser alegrada com os prazeres dos animais, tu que és convidada às inefáveis alegrias com os anjos?

Senhor, que a tua misericórdia afaste isso da alma do teu servo, ou antes, *traspassa com teu temor as minhas carnes* (Sl 118,120) e a obediência à tua lei seja para mim sempre mais doce do que o mel e o favo, para que, crucificando a carne com os vícios e as concupiscências, ouse aspirar às delícias espirituais e perenes do teu paraíso.

Senhor, concede a teu servo que siga as pisadas do teu Cristo que, manso e humilde de coração, *quando o amaldiçoavam, não amaldiçoava e, quando sofria, não ameaçava* (1Pd 2,23). Concede que viva sóbria, justa e piedosamente neste século, a fim de aguardar com alguma confiança a bem-aventurada esperança e a vinda gloriosa do grande Deus e Salvador nosso, Jesus Cristo (cf. Tt 2,12-13).

Capítulo IV

Resta-nos considerar a justiça que Deus exerce ao punir os pecadores no profundíssimo abismo do inferno. Se fizermos isso com atenção e seriedade, compreenderemos certamente que é muito verdade o que ensina o apóstolo na *Carta aos Hebreus*: *É coisa horrenda cair nas mãos do Deus vivo* (Hb 10,31).

Com efeito, para seguirmos a ordem que observamos na justiça que recompensa os merecimentos dos Santos, Deus, justo Juiz, castigará absolutamente todos os pecados, mesmo levíssimos, como é uma palavra ociosa, pois assim lemos no Evangelho: *Qualquer palavra ociosa que tiverem proferido os homens, darão conta dela no dia do juízo* (Mt 12,36).

E, certamente, os homens não punem muitos pecados, seja porque não podem, porque os réus resistem ou fogem; seja porque ignoram que tenham sido cometidos; seja por não serem provados por testemunhas legítimas; seja porque não querem puni-los por serem corrompidos com presentes, ou subornados por favores ou pervertidos pela própria maldade.

Mas Deus é onipotente e, por isso, ninguém resiste ao seu poder. E também está em toda a parte e, assim, ninguém pode esconder-se dele. *Para onde irei*, diz Davi, *a fim de me subtrair ao teu espírito? E para onde fugirei da tua presença? Se subo ao céu, tu lá estás; se desço ao inferno, nele te encontras* (Sl 138,7-8). É também sapientíssimo e conhece todas as coisas, também aquelas escondidas e ocultas nos íntimos segredos dos corações; e não necessita de testemunhas para comprovar os pecados, já que as consciências dos homens servem ao Senhor de mil testemunhas. Depois, nenhum presente e nenhum favor podem corromper a justiça de Deus, pois Ele não precisa de nenhum de nossos bens.

É, pois, certo que não há pecado algum, o maior ou o menor, muito grave ou muito leve, que possa fugir à justiça de Deus que castiga e que vinga os pecados, se antes não tiver sido apagado pela penitência. Pois, quanto mais abundante é agora a misericórdia em perdoar, tanto mais rígida e severa será a justiça em castigar depois desta vida.

Sobre o tempo presente, Isaías diz: *Eu te ouvi no tempo favorável, auxiliei-te no dia da salvação* (Is 49,8); o que o apóstolo expõe na Segunda Carta aos Coríntios e diz: *Eis aqui agora o tempo aceitável, eis aqui agora o tempo da salvação* (2 Cor 6,2).

Sobre o tempo futuro, depois desta vida, clama Sofonias: *Esse dia será um dia de ira, um dia de tribulação e angústia, um dia de calamidade e miséria, um dia de trevas e escuridão, um dia de nuvens e tempestades, um dia de trombetas e de clamores* (Sf 1,15-16).

E não só serão punidos todos os pecados, mas serão punidos com horrendos suplícios, que serão tão grandes que agora mal podem ser imaginados por algum homem. Pois, do mesmo modo que o olho não viu, o ouvido não ouviu e não chegou ao coração do homem o que o Senhor preparou para aqueles que o amam (cf. Is 64,4; 1Cor 2,9), assim, absolutamente, o olho não viu, o ouvido não ouviu, nem chegou ao coração do homem o que o Senhor preparou para aqueles que o odeiam.

De fato, os sofrimentos dos pecadores no inferno são muitos, os maiores e puros, isto é, sem mistura de consolação alguma e, o que aumenta infinitamente a miséria, serão eternos. Digo que serão muitos, porque todas as faculdades da alma e todos os sentidos do corpo terão seus tormentos.

Examina com atenção as palavras da sentença do Juiz Supremo, que estão no Evangelho: *Apartai-vos de mim, malditos, para o fogo eterno* (Mt 25,41). *Apartai--vos*, diz, isto é, afastai-vos do convívio dos bem-aventurados, privados para sempre da visão de Deus, que é a máxima e essencial bem-aventurança e o fim último para o qual fostes feitos. *Malditos*, isto é, de agora em diante não espereis nenhuma espécie de bênção, pois estareis privados de todo o auxílio da graça, de toda esperança de salvação; já não cairá sobre vós a água da sabedoria, nem o orvalho da boa inspiração; já não brilhará o raio da luz celeste, não germinará em vós a graça do arrependimento, nem a flor da caridade, nem o fruto das boas obras; e, aquele que vem do alto não vos visitará desde agora e por toda a eternidade.

Faltar-vos-ão não só os bens espirituais, mas também os materiais; não só os eternos, mas também os temporais; para vós não haverá riqueza alguma, nenhum prazer, nem consolo, mas sereis semelhantes à figueira que, amaldiçoada por mim, imediatamente secou até as raízes (cf. Mc 11,20).

Para o fogo, isto é, para a fornalha do fogo ardente e inextinguível, que não envolverá um membro apenas, mas todos os membros ao mesmo tempo, e os atormentará com dores agudíssimas.

Eterno, isto é, para o fogo que não necessita da ajuda da lenha para arder sempre, mas se acende pelo sopro do Deus onipotente, para que, assim como em vós nunca se apagará a culpa, da mesma forma nunca termine o castigo.

Por isso, com justíssima razão exclama o Profeta Isaías: *Quem de vós poderá habitar em um fogo devorador? Quem de vós poderá habitar entre as chamas eternas?* (Is 33,14). Como se dissesse que absolutamente ninguém poderá suportar pacientemente, mas serão forçados a suportá-lo com impaciência, com raiva e com desespero, embora não queiram. E acrescenta: *E o verme deles não morrerá, nem seu fogo se apagará* (Is 66,24); e estas palavras foram repetidas pelo Senhor mais de uma vez, como consta do Evangelho de São Marcos (cf. Mc 9,43-48).

Acrescente-se ainda o verme da consciência, da recordação desse tempo em que os ímpios poderiam, se quisessem, evitar aquelas penas com uma pequena ação e gozar das alegrias eternas. E para que ninguém pense que os condenados possam conseguir algum alívio caminhando ou mudando de lugar, ouve o que o próprio Senhor diz: *Atai-o de mãos e pés e lançai-o nas trevas exteriores; aí haverá pranto e ranger dos dentes* (Mt 22,13).

Portanto, aqueles infelizes, amarrados de mãos e pés pelas cadeias eternas, permanecerão sempre no mesmo lugar, privados da luz do sol, da lua e das estrelas, queimando nos ardores do fogo, chorando, lamentando e rangendo os dentes de raiva e de desespero.

E os que foram lançados para esse lugar repleto de horror, não só sofrerão atrocíssimas dores no inferno, mas também a privação absoluta de todas as coisas e uma desonra e uma ignomínia cheia da maior vergonha e confusão. Com efeito, num instante, perderão palácios, campos, vinhas, rebanhos, jumentos, roupas e, enfim, ouro, prata e pedras preciosas; e serão reduzidos a tal miséria que, como o rico epulão, desejarão e esperam uma gota de água fria, e não serão atendidos (cf. Lc 16,19ss.).

Porém, aqueles homens soberbos e orgulhosos que, no tempo presente, não podem suportar ofensa alguma, e colocam a dignidade acima de todas as coisas, no teatro de todo o gênero humano e de todos os anjos, que nunca houve nem haverá um que fosse maior, verão ser revelados e publicamente demonstrados todos os seus crimes, também os praticados nas trevas, ou escondidos no fundo do coração, por mais torpes que sejam as traições, os latrocínios, os incestos e os sacrilégios.

Pois, como diz o apóstolo na *Primeira Carta aos Coríntios*, quando o Senhor vier para julgar o orbe terrestre, iluminará as coisas escondidas nas trevas e descobrirá os desígnios dos corações; e então, cada um receberá de Deus o louvor (cf. 1Cor 4,5); e, sem dúvida, cada ímpio e iníquo receberá de Deus a repreensão.

Na verdade, a vergonha e a confusão dos homens criminosos naquele teatro será tanta, que São Basílio, na explicação do *Salmo 33*, não receia dizer que este será o mais grave de todos os suplícios, particularmente para os hipócritas, os soberbos e para todos os que ambicionaram a glória, ou que, neste mundo, tiveram a honra por Deus, ou antes, por ídolo.

Mas se aquilo que dissemos sobre a perda de todos os bens, tanto celestes quanto terrestres, e sobre as dores agudíssimas, a ignomínia e o opróbrio tivessem algum fim, ou ao menos fossem misturados a algum tipo de consolo ou alívio, como acontece com todas as misérias nesta vida, de algum modo, os males poderiam ser considerados toleráveis. Mas como é absolutamente certo e fora de qualquer dúvida, assim como a felicidade dos bem-aventurados há de durar para sempre sem mistura de qualquer miséria, da mesma forma, também a infelicidade dos condenados durará para sempre sem mistura de alguma consolação, isto é, há de durar por todos os séculos dos séculos.

É preciso, pois, que sejam absolutamente cegos e insensatos aqueles que não se empenham com todas as forças, por meio de quaisquer tribulações, perigos, infâmia e morte, que o apóstolo chama de momentâneos e leves, para alcançar o Reino dos Céus e a bem-aventurança celeste.

Capítulo V

E se, por acaso, alguém se admirar por que o clementíssimo Deus tenha estabelecido penas tão atrozes e duradouras pelos pecados dos homens, que velozmente passam e não parecem tão graves, que ouça o que diz Santo Agostinho no livro *A Cidade de Deus*: *Quem julga ser excessiva ou injusta tal condenação, certamente, não sabe medir quão grave tenha sido o pecado de quem tinha tanta facilidade de não pecar* (Livro 14, cap. 15). E depois: *Quem explicará suficientemente quanta maldade existe em não obedecer, em coisa fácil, a quem tem tanto poder e ameaça com tamanho suplício?* Santo Agostinho fala do pecado do primeiro homem, mas a razão é a mesma para todos os pecados, porque, se pesarmos nas balanças certas e não nas falsas, acharemos que todo o pecado mortal é gravíssimo por três motivos.

Em primeiro lugar, porque é horrível que a criatura não obedeça a seu Criador, já que existe uma distância infinita entre a vileza da criatura e a dignidade do Criador; pois, a criatura, por natureza, é serva, e o Criador, por natureza, é Senhor; e aquilo que a criatura é, ou aquilo que tem, deve-o ao Criador, ao passo que o Criador nada deve à criatura.

Em segundo lugar, se os mandamentos do Criador fossem pesados, ainda assim a criatura deveria observá-los, mas *seus mandamentos não são custosos* (1Jo 5,3) e, como diz o Salvador, o jugo é suave e o peso, leve (cf. Mt 11,30). Por isso, quanta e quão inexplicável é a culpa dos vermezinhos da terra em não obedecer a seu Criador em coisa tão fácil? Além disso, se Deus não tivesse ameaçado os que pecam com o suplício da morte eterna, talvez o homem tivesse podido achar uma desculpa para seu pecado; mas tendo tão frequente e claramente ameaçado pelos profetas e pelos apóstolos que o suplício seria eterno, quem desculpará a contumácia dos pecadores?

Enfim, se a culpa dos homens condenados não fosse eterna, poderíamos estranhar por que o futuro castigo do pecado seria eterno. Mas, sendo eterna a obstinação dos condenados, o que estranhamos, se também o castigo é eterno?

E esta obstinada vontade no mal, que será comum aos condenados homens e aos demônios, esta vontade perversa, repito, e contrária a Deus, Sumo Bem, que permanecerá sempre imóvel e estável, faz que os santos homens tenham mais horror ao pecado mortal, do que ao fogo do inferno.

Ouve, pois, o que o inglês Edinero escreve sobre Santo Anselmo, no segundo livro de sua vida. Sob o testemunho da minha consciência, diz, não minto, porque muitas vezes ouvimo-lo (Anselmo) confessar, em testemunho da verdade, que se, por um lado, visse o horror do pecado e, por outro lado, descobrisse corporalmente a dor do inferno, e se devesse necessariamente ser imerso num deles, escolheria antes a dor corporal do inferno do que o pecado.

Costumava também dizer outra coisa, que, talvez, não seja menos admirável, isto é, que preferia ir para o inferno puro e inocente, do que ir para o Reino dos Céus manchado pelo pecado. Se aquele santo homem dizia e sentia essas coisas, porque, iluminado por Deus, conhecia que a gravidade do pecado é maior do que o castigo do inferno, quanto mais Deus, que penetra até o fundo a malícia, a repugnância e a perversidade do pecado, julgou com plena justiça que o castigo do pecado é adequado ao que Ele estabeleceu desde a eternidade.

Portanto, minha alma, não erres, não te deixes seduzir, não te tornes semelhante àqueles que *confessam conhecer a Deus, mas o negam com as obras* (Tt 1,16), pois muitos têm fé, mas por hábito, não por atos, quase como a espada escondida na bainha. Com efeito, se acreditassem por atos e, crendo seriamente, pensassem que Deus é fiel e justo, e que, para os maus, tem preparado castigos gravíssimos, que nunca acabam e que não têm mistura de consolação, jamais poderia acontecer que fizessem as obras que fazem e bebessem, como se diz no livro de Jó, a iniquidade como água (cf. Jó 15,16), isto é, não cometeriam, tão sem temor e com a alma tão alegre, tão numerosos e tão graves pecados, como se aos que pecam se devesse um prêmio e não um castigo.

Mas tu, repito, crê muito firmemente e, crendo, torne a pensar que agora Deus é o Pai das misericórdias e que está, de fato, pronto a perdoar misericordiosamente os pecados a todos os que se arrependerem; mas que, depois desta vida, o mesmo Deus será absolutamente o Deus das vinganças e que há de dar aos pecadores as penas que preparou e que mandou anunciar pelos profetas e apóstolos e registrar nas letras para a memória dos pósteros.

Assim, então, acontecerá que, pelo temor das penas intoleráveis e pela esperança das maiores recompensas, como que elevada por duas asas, atravessarás com segurança os perigos da vida presente e chegarás à vida e ao descanso eterno. Amém. Amém.

Série **Clássicos da Espiritualidade**

- *A nuvem do não saber*
  Anônimo do século XIV
- *Tratado da oração e da meditação*
  São Pedro de Alcântara
- *Da oração*
  João Cassiano
- *Noite escura*
  São João da Cruz
- *Relatos de um peregrino russo*
  Anônimo do século XIX
- *O espelho das almas simples e aniquiladas e que permanecem somente na vontade e no desejo do Amor*
  Marguerite Porete
- *Imitação de Cristo*
  Tomás de Kempis
- *De diligendo Deo – "Deus há de ser amado"*
  São Bernardo de Claraval
- *O meio divino – Ensaio de vida interior*
  Pierre Teilhard de Chardin
- *Itinerário da mente para Deus*
  São Boaventura
- *Teu coração deseja mais – Reflexões e orações*
  Edith Stein
- *Cântico dos Cânticos*
  Frei Luís de León
- *Livro da Vida*
  Santa Teresa de Jesus
- *Castelo interior ou Moradas*
  Santa Teresa de Jesus
- *Caminho de perfeição*
  Santa Teresa de Jesus
- *Conselhos espirituais*
  Mestre Eckhart
- *O livro da divina consolação*
  Mestre Eckhart
- *A nobreza da alma humana e outros textos*
  Mestre Eckhart
- *Carta a um religioso*
  Simone Weil
- *De mãos vazias – A espiritualidade de Santa Teresinha do Menino Jesus*
  Conrado de Meester
- *Revelações do amor divino*
  Juliana de Norwich
- *A Igreja e o mundo sem Deus*
  Thomas Merton
- *Filoteia*
  São Francisco de Sales
- *A harpa de São Francisco*
  Felix Timmermann
- *Tratado do amor de Deus*
  São Francisco de Sales
- *Espera de Deus*
  Simone Weil
- *Contemplação num mundo de ação*
  Thomas Merton
- *Pensamentos desordenados sobre o amor de Deus*
  Simone Weil
- *Aos meus irmãozinhos*
  Charles de Foucauld
- *Revelações ou a luz fluente da divindade*
  Matilde de Magdeburg
- *A sós com Deus*
  Charles de Foucauld

- *Pequena filocalia*
  Jean-Yves Leloup
- *Direção espiritual e meditação*
  Thomas Merton
- *As sete palavras do Cristo na cruz*
  São Roberto Belarmino
- *Tende o Senhor no coração*
  Mestre de São Bartolo
- *O Pão Vivo*
  Thomas Merton
- *O enraizamento*
  Simone Weil
- *Na liberdade da solidão*
  Thomas Merton
- *O sermão do Senhor na montanha*
  Santo Agostinho
- *A vida perfeita e A direção da alma*
  São Boaventura
- *A Árvore da Vida*
  São Boaventura
- *A elevação da mente para Deus pelos degraus das coisas criadas*
  São Roberto Belarmino
- *O sermão do Senhor na montanha*
  Santo Agostinho

Conecte-se conosco:

- **f** facebook.com/editoravozes
- **◉** @editoravozes
- **🐦** @editora_vozes
- **▶** youtube.com/editoravozes
- **🟢** +55 24 2233-9033

www.vozes.com.br

Conheça nossas lojas:

www.livrariavozes.com.br

Belo Horizonte – Brasília – Campinas – Cuiabá – Curitiba
Fortaleza – Juiz de Fora – Petrópolis – Recife – São Paulo

EDITORA VOZES LTDA.
Rua Frei Luís, 100 – Centro – Cep 25689-900 – Petrópolis, RJ
Tel.: (24) 2233-9000 – E-mail: vendas@vozes.com.br